技术转移机构建设
市场化路径研究
——以浙江省为例

JISHU ZHUANYI JIGOU
JIANSHE SHICHANGHUA LUJING YANJIU

倪晓磊 ◎ 著

知识产权出版社
全国百佳图书出版单位
—北 京—

图书在版编目（CIP）数据

技术转移机构建设市场化路径研究：以浙江省为例 / 倪晓磊著 . — 北京：知识产权出版社，2024.9. — ISBN 978-7-5130-9520-4

Ⅰ . F124.3

中国国家版本馆 CIP 数据核字第 20245YH446 号

内容简介

本书从技术转移机构的市场化建设出发，以浙江省为例，运用定量和定性分析相结合的方法，揭示技术转移机构发展现状及技术转移能力；对国内外典型技术转移机构创新实践进行多维度分析与比较，并借鉴先进经验，在此基础上深层次探讨适合浙江省技术转移机构建设的创新机制和市场化路径选择。

本书可为技术市场和技术转移领域从业人员、科技管理人员提供有益的指引和启示，为各级科技管理部门开展技术转移体系建设、政策制定、人才培养等提供决策支撑。

责任编辑：张雪梅   责任印制：孙婷婷

封面设计：曹　来

技术转移机构建设市场化路径研究——以浙江省为例

JISHU ZHUANYI JIGOU JIANSHE SHICHANGHUA LUJING YANJIU——YI ZHEJIANG SHENG WEILI

倪晓磊　著

出版发行：**知识产权出版社**有限责任公司		网　　址：http://www.ipph.cn	
		http://www.laichushu.com	
电　　话：010-82004826		邮　　编：100081	
社　　址：北京市海淀区气象路50号院		责编邮箱：laichushu@cnipr.com	
责编电话：010-82000860转8171		发行传真：010-82000893	
发行电话：010-82000860转8101			
印　　刷：北京中献拓方科技发展有限公司		经　　销：新华书店、各大网上书店及相关专业书店	
开　　本：720mm×1000mm　1/16		印　　张：7	
版　　次：2024年9月第1版		印　　次：2024年9月第1次印刷	
字　　数：122千字		定　　价：59.00元	
ISBN 978-7-5130-9520-4			

前　言

　　《技术转移机构建设市场化路径研究——以浙江省为例》一书是浙江省软科学研究计划项目"浙江省技术转移机构建设创新机制及市场化路径研究"的主要成果。本书从浙江省建设以企业需求为导向、以大学和科研院所为源头、以技术转移服务为纽带、产学研相结合的新型技术转移体系的最薄弱环节技术转移机构的市场化路径出发，不是从技术转移机构的外在缺陷入手提出具体对策，也不是就机制论机制，而是以数据驱动发现技术转移机构发展的问题，从导致技术转移机构各种外在问题的机制性根源入手讨论改进方案，即从科技成果转移转化的机制中、从决定技术转移机构主体行为模式的因素中寻找促进技术转移机构发展的解决方案。本书从技术转移机构建设的视角出发，以浙江省为具体研究对象，通过系统梳理国内外相关研究和借鉴经验，提出适合浙江省技术转移机构建设的市场化路径，具有十分重要的意义。本书在研究思路上进行了创新，通过总结国内外技术转移及技术转移机构建设前沿研究成果，设计了技术转移能力的综合评价指标，并以此作为理论基础和数据支撑，在系统梳理我国技术转移机构建设现状和目标、浙江省技术转移机构发展现状及国内外先进经验的基础上，提出浙江省技术转移机构市场化路径。

　　本书在编写时严格遵从科学性、严谨性、真实性和实用性等原则。本书不仅是对目前技术转移及技术转移机构相关研究的完善，也是对这一领域实证研究的重要补充，并在此基础上提出了浙江省应该从哪些角度、哪些层面、哪些领域进行技术转移机构建设的模式创新和市场化路径选择，具有重要的现实意义和理论意义。本书的读者不限专业、不限领域，从事科技工作的高校教师、科研机构工作人员、社会及学术组织工作人员、企业科研机构的从业者和政府科技工作人员，通过阅读此书，均会对我国技术转移机构的发展现状及未来发展方向产生更加深刻和新的认识。

　　希望本书可以为我国的科技工作者带来全新的启示，为浙江省乃至全国技术转移机构建设提供有价值的参考。

目　　录

第1章 绪 论

1.1 研 究 背 景

"技术转移"，在我国又称"科技成果转移转化"，是产业分工和科技成果转化的必然要求，是科技成果落地的必要途径，是实现技术创新和推动经济发展的关键环节，起到连接科技与经济的"桥梁"和"纽带"作用（方炜 等，2019）。然而，自我国提出"技术转移"概念以来，因技术转移的政策环境较为缺乏，体制机制不够完善，使得我国的自主创新能力不足，技术转移效率一直维持在一个相对较低的水平，技术转移成为限制我国创新体系建设的薄弱环节。为加快我国技术转移体系建设的进程，2017 年《国家技术转移体系建设方案》（国发〔2017〕44 号）明确提出加快建设和完善国家技术转移体系的总体思路。2020 年《关于进一步推进高等学校专业化技术转移机构建设发展的实施意见》（国科发区〔2020〕133 号）提出以技术转移机构建设为突破口，加速高校科技成果高水平创造和高效率转化，为高质量发展提供支撑。2021 年《中华人民共和国国民经济和社会发展第十四个五年规划和二〇三五年远景目标纲要》提出"推进创新创业机构改革，建设专业化市场化技术转移机构和技术经理人队伍"。在良好的政策环境引导下，我国技术市场活力持续释放，技术转移和成果转化规模显著提升。2018—2023 年度的《中国火炬统计年鉴》数据显示，全国技术合同从 2018 年的 41.20 万项提高到 2022 年的 77.3 万项，成交额从 2018 年的 1.77 万亿提高到 4.78 万亿，分别增长 87.6% 和 170%。企业科技成果转化主体地位更加突出，贡献了全国 93.7% 的技术输出和 82.8% 的技术吸纳。虽然数额得到较大提升，但从现实和整体角度看，科技和经济"两张皮"问题仍然十分突出，客观上造成中国技术转移能力供需落差，即不仅科技成果质量不高，而且科技成果转化效率低，严重影响中国技术市场投入产出效率（周元 等，2015）。因此，充分发挥产学研各方作用，努力探索和完善技术转移机构模式、体系、创新机制和市场化路径，成为当前我国创新型国家建设面临的一项十分紧迫的战略任务。

新形势下加快科技成果转化，已成为调整区域发展战略的基本出发点。区域之间的经济竞争表现为科技创新的竞争，而科技创新竞争实质上是科技成果转化数量、质量和速度的竞争。为了改变科技成果转移转化率低的状况，不少地方政府和科研机构一直努力探索科技成果转移转化的新模式。

在此背景下，浙江省以国家有关科技成果转化与技术市场发展的法规、政策为导向，对技术交易模式进行了大胆的改革，在全国率先建立起了技术拍卖与网上技术市场，形成了一个覆盖全省所有地区的线上线下统一的技术市场体系。由《中国火炬统计年鉴2023》公开数据可知，2022年，浙江省全年技术合同登记数量为43 627项，全年技术合同成交额为2546.5亿元，占浙江省国内生产总值（GDP）的3.27%，在全国省份排名中位列第9名，在华东地区排名最后一位，位于上海、江苏和安徽之后。由此可以看出，浙江技术市场成交额在全国的位次依然明显落后于浙江经济在全国的位次；与上海、江苏、安徽、山东和广东相比，浙江技术市场成交额与GDP的比值在很长一段时间内均处于一个较低的水平。不同的分析结果表明，浙江的技术供给能力与国内一些省份相比，并不具有比较优势。因此，浙江要想全面提升科技成果转化和产业化水平，加速助力区域经济高质量发展，还需要在技术转移与技术转移机构建设方面做出进一步的努力。

浙江技术交易为何落后于区域经济？笔者认为，在技术需求方面，浙江中小企业在市场上所占比例偏高，资源匮乏，对科技成果的吸纳能力不强，对科技成果的付费需求也比较薄弱。在技术供给方面，浙江大型企业数量不多，有实力的科研院所、高校数量不多，研发力量有限，技术供应能力弱，技术输出方技术产量偏低也是正常的。

除了上述两方面原因，技术转移中介几乎是浙江技术市场最为薄弱的环节。目前技术市场上的技术转移中介不仅数量有限，而且信用度不高，对应于科技成果转移转化中介服务的整条价值链，现阶段浙江技术转移机构的功能分布存在明显的差距。

国家为构建"2+N"技术转移体系，2010年至今，先后在北京、上海、广东、陕西、湖北、四川和江苏等11个省市建设了国家级技术转移中心，开始了国家级技术转移中心建设的试点工作。其中，2013年北京中关村作为首个国家技术转移中心，挂牌"国家技术转移集聚区"，国家技术转移集聚区以中关村西区为核心进行建设，是国内首个以技术转移为主要内容构建的技术转移和创新资源集散中心，定位为打造具有全球影响力的国际技术转移大平台，以需求推动跨国技术、成果、人才等科技资源向北京转移聚集。2014年国家技术转移南方中心在深圳挂牌，定位为与国家技术转移集聚区（北京）共同承担全球性技术转移枢纽的重要使命，探索技术转移的市场化运营模式、资本化运营的路径。南方中心的建设将以推动科技与经济紧密结合为目标，以深化科技体制改革为突破口，开展市场有效配置全球创新资源的探索与实践，构建以深圳为核心的跨区域、跨领域、跨机构的技术流通与转换新格局。2016 年国家技术转移西北中心在西安挂牌，定位于打造丝绸之路经济带技术转移中心，通过构建包括特色技术经理人服务模式和军民融合特色服务模式的特色技术转移服务体系，助力技术转移战略的实施。2024 年 4 月 2 日，国家技术转移东部中心杭州分中心正式在余杭揭牌，此前浙江没有一家国家建设的技术转移中心。浙江国家技术转移示范机构也相当有限，与技术交易发达的地区相比，浙江技术市场的差距几乎是全方位的。2021 年，浙江拥有国家技术转移示范机构 26 家，位居全国第 5 位，而浙江国家技术转移示范机构交易合同数为 6985 项，仅占全省技术转移交易合同总量的 8.8%；国家技术转移示范机构交易额为 56.6 亿元，仅占全省技术转移交易总额的 1.4%。

构建可信赖的、高质量的专利转化机构和技术转移机构是提高科技成果转化率的重要环节。技术转移机构对于科技成果转移转化之所以重要，从根本上说源于技术市场的信息问题。《中华人民共和国促进科技成果转化法》《国家技术转移体系建设方案》和《关于技术市场发展的若干意见》均将技术转移机构和信息平台建设作为完善国家技术转移体系、促进科技成果转化最重要的任务之一。

专业的技术转移机构是促进科技成果在不成熟的供需双方间转移转化的关键。根据调研，从目前情况来看，技术转移机构依然存在不少问题，专业性、独立性、信用度和可盈利性都是反映比较集中的问题，它们互相影响、互相制约。例如，业务多元化是中介机构保证盈利的一种选择，但有可能削弱机构的技术转移中介业务的专业化程度。同样，独立性在某些技术市场参与方那里有利于提高机构的信用度，而在另一些技术市场参与方那里，与政府部门的关联性才是机构信用度的标志。因此，迫切需要建立一种机制或体系，从而能够以专业性、独立性、规范化为方向，培育出一批有信用的技术转移机构。

本书拟从浙江技术市场发展的薄弱环节——技术转移机构建设出发，深入分析探讨市场化、专业化技术转移机构建设的关键机制创新与政策需求，以浙江省为例，推动大力发展一批社会化的技术转移机构，形成全链条的科技成果转化管理和服务体系。此外，本书将提出促进浙江省市场化技术转移机构建设的创新对策，为浙江省建立完善的技术转移体系、推动科技成果转化提供相关政策建议。

1.2 研 究 意 义

技术转移机构作为为科技成果转移转化活动提供全链条、综合性服务的专业机构，在科技成果产业化的进程中起着关键性作用，但是由于体制机制原因，加上一些政策措施实施落地性差等诸多因素，有些科技转移机构并没有发挥出其在技术转移中的作用。本书通过深入探究科技成果转化与技术转移机构的内在关系，借鉴先行省市的实践和发达国家技术市场发展的经验，综合对技术市场参与者、资深专家和典型案例的调研，探讨适合浙江省技术市场实际发展现状的技术转移机构市场主体的选择与培育问题，从而推动科技成果转化及完善技术转移体系，具有很强的理论意义和重要的实践价值。

1. 理论意义

本书以系统性的理论分析为基础，构建技术转移能力评价指标，探索我国技术转移能力时空效应，从理论层面丰富了技术转移机构模式探索的研究方法和研究内容；通过对国内外先进地区技术转移发展及创新模式系统性梳理，创新性地构建技术转移机构运行机制及市场化路径，一定程度上拓展了技术转移机构的内涵和理论范畴。

2. 实践意义

本书通过技术转移机构运行机制及市场化路径的构建，致力于解决浙江技术转移机构市场化和专业化能力不足、推进科技成果转移能力弱、盈利能力低下等困境，并就促进浙江市场化技术转移机构的建设提出创新举措和配套政策，为浙江省技术转移相关政策的落地提供依据。

1.3 各章主要研究内容

本书共分为七章，各章主要研究内容如下：

第 1 章：绪论。绪论部分是本书的开篇，主要包括研究背景、研究意义、研究内容和研究方法等内容。

第 2 章：技术转移及技术转移机构概述。本章是对国内外学者对于技术转移及技术转移机构建设研究文献的梳理，包括对技术转移内涵、技术转移运行模式和技术转移影响因素等方面的文献梳理，以及对技术转移机构的内涵和功能、技术转移机构运行模式、技术转移机构运行效率的影响因素和技术转移机构发展对策等方面的总结。

第 3 章：省际技术转移能力评价。本章构建了技术转移能力的综合评价指标，并选取相关数据对我国 31 个省份的技术转移能力进行综合评价，为后续内容提供理论基础和数据支撑。

第 4 章：我国技术转移机构建设现状。本章系统论述了我国技术转移机构发展的三个阶段，介绍了技术转移机构建设的政府目标并进行了分析，以数据为支撑对国家技术转移示范机构发展现状进行了详细描述。

第 5 章：浙江省技术转移机构建设现状及关键问题。本章以国家技术转移示范机构为研究对象，从建设情况、服务业绩情况、服务考核情况等方面对浙江省技术转移机构的发展现状进行了分析，梳理了近年来浙江省技术转移机构政策支持情况，并就现阶段浙江省发展技术转移机构存在的问题和制约因素进行了分析。

第 6 章：国内外技术转移机构创新发展研究。本章分析了美国、德国、日本等发达国家技术转移示范机构发展及创新模式，以及包括国家技术转移东部中心（上海）、国家技术转移苏南中心（江苏）在内的国家技术转移中心市场化运营经验，着重分析了国家海洋技术转移中心在特色领域的技术转移转化模式，以案例的形式总结了包括东南大学技术转移中心、上海技术交易所、北京健康产业中试与孵化中心等在内的国家技术转移示范机构的服务模式，并总结了国内外技术转移机构发展及创新模式经验。

第 7 章：浙江省技术转移机构市场化发展路径建议。本章通过前文各章的总结与分析，从推动高校院所技术转移机构市场化发展、大力培育市场化主体技术转移机构、创建基于第四方平台的省域技术转移机构培育机制、壮大高素质复合型技术转移人才队伍、大力推进技术转移机构开放合作五个方面设计了浙江省技术转移机构市场化发展路径。

1.4　研究方法

本书从浙江省技术市场发展与科技成果转移转化机制创新的现实需求出发，围绕浙江省技术转移机构建设的关键问题，运用文献清单与文献综述、统计分析、案例访谈、现场调研等多种研究方法，明确技术转移机构发展与科技成果转移转化机制的内在联系，全面分析浙江省技术转移机构运行状态与发展瓶颈，借鉴其他省市技术转移机构与科技成果转移转化机制创新的具体实践，结合国外技术转移机构的创新机制和发展趋势，探讨适应浙江省发展实际的、市场导向的技术转移机构运行模式，设计相应的机制安排，提出相关的政策需求。本书采用的主要研究方法如下。

1. 规范分析和实证分析相结合

规范分析注重对客体进行理性的评判，而实证研究则注重对客体进行客观刻画。本书着重对技术转移机构建设的创新机制和市场化路径展开研究，不仅用规范的分析方法合理地判定浙江省技术转移机构建设存在的问题、遵循的规律，也通过实证分析，对产生的理论进行客观描述，使得研究结果更具科学性和可操作性。

2. 定量分析和定性分析相结合

本书对不同主体的技术转移机构运行模式的优劣势进行定性分析，全方位、多维度揭示浙江省技术转移机构发展现状及制约因素。同时，通过查阅统计资料、问卷调查、企业访谈、专家座谈等方式对浙江省技术转移机构的技术转移能力及短板进行定量分析。

3. 系统分析法

技术转移问题涉及诸多学科，如管理学、系统工程学、社会经济学、统计学、法学等学科的理论，而且受多种因素影响，包括主体因素、客体因素、环境因素等；技术转移问题涉及多个层面，如政府层面、企业层面、大学和科研院所层面及技术转移机构层面，非常复杂。因此，需要用整体的、综合的、系统的方法进行分析研究。

4. 比较分析法

本书拟采用多种比较分析方法，包括现状分析的横向对比、不同主体类型的技术转移机构的运营模式对比、国内外发展经验比较借鉴等，以更好地探讨适合浙江省发展技术转移机构的路径。

第2章 技术转移及技术转移机构概述

2.1 技术转移的内涵

技术转移最初主要指不同国家之间的技术引进与技术输出过程。舍恩等（Schoen et al，2014）认为工业技术水平直接反映一个国家或者地区的科技发展水平。一个国家或者地区要想提升核心竞争力，在国际事务中掌握一定的话语权，需要有较高的工业技术水平作支撑。技术可以通过国家本身进行的研发活动获得，研发活动即技术创新活动。查伊斯等（Chais et al，2018）认为技术也可以通过从其他国家引进而获得。"技术转移"刚开始被当作解决国际技术差异问题的工具。在第一届联合国贸易和发展会议上，塞伦辛（Sellenthin，2009）提出："当今世界，一些不发达的国家和地区乃至发展中的国家和地区，仅仅依靠本身现有的技术水平是无法取得进步的，需要从世界发达国家引进优异、领先的技术，武装自身、取得进步。但是在引进技术的过程中，仅仅机械式地进行技术转移是无法取得成功的。"本格特松（Bengtsson，2017）的研究表明，世界科学技术水平的快速发展带来的新技术在社会经济系统内部发挥出巨大的作用，促进了各地区产业经济的发展。至此，人们注意到技术转移发挥的强大作用，且开始认识到技术转移并不仅仅是流动于国家和国家之间、地区和地区之间的活动，而是将更多的优势发挥在各研究机构、各高校和各企业之间，或者发生在以上各主体之间。西格尔等（Siegel et al，2003）认为技术转移从过去的"工具论"逐渐转变为世界各国之间、各地区之间、各高校和研究机构之间、各研究机构和企业之间进行的，以提升自身技术水平、推动经济快速发展为目标的科学技术的商业化活动。

关于技术转移的研究开展得较早，相关研究文献也比较多，但是关于技术转移的概念目前仍然没有达成共识。哈佛大学布鲁克斯（Brooks）教授最先阐述了他对于技术转移的定义。他认为，各实验室产出的新技术，通过研究人员、高校、各机构或政府的运作，流入市场，进行新技术的传播和应用的过程就是技术转移的过程。在此基础上，衍生出技术转移是研发技术和成果的应用化，是政府、高校、各机构或企业对于社会已有知识进行二次分配的过程等观点。这些观点将技术转移分为纵向和横向两种模式的转移。纵向转移指的是实验室研发的新技术从概念、理论走向市场，应用于社会的过程；横向转移指的是已有的技术从前在 A 领域或地域使用，后来逐渐拓展到 B 领域或地域的过程。

库马尔等（Kumar et al，2009）指出，由于概念的模糊性，许多研究试图从技术许可、知识转移等不同的角度来界定。目前被广泛应用的是联合国政府间气候变化专门委员会［Intergovernmental Panel on Climate Change（IPCC），2000］的宽泛定义，即包括政府、大学、企业和金融机构等不同利益相关方之间的专业知识、专门经验和设备的流动，包含了国外技术的推广和国内技术的合作，以及技术的学习、理解、运用和推广等多个环节。福克斯（Fox，2002）对于技术转移的定义较为宽泛和详细，涵盖了技术转移的具体内容、技术转移的参与主体和技术转移的具体过程等，是关于技术转移的主流定义之一。

此外，技术转移与技术流动经常被替换使用，但是技术转移不同于技术流动。尼森（Nissen，2005）认为技术流动包含技术共享和技术转移，技术共享强调技术的提供和贡献，而不是技术的接受和再利用，并且技术流动有"组织内部流动、组织内部流入和外部流出"三个可能的方向。组织内部流动是指组织边界内的技术流动，如某组织在不同地区的团队或单位之间的技术流动；库马尔等（Kumar et al，2009）认为，相比之下，流入和流出描述了跨越不同组织边界的技术流动。巴蒂斯特拉等（Battistella et al，2016）的研究表明，在实际情况中，技术转移更加强调两个组织之间的技术流入和流出，即先进的技术如何在两个不同的行动者之间转移，也是跨越组织边界的技术流动。

国外学者较早地对技术转移的相关概念进行了界定，研究的角度也不尽相同，技术转移的内涵得到了不断的丰富和完善。小林达也（1981）的代表性观点是"知识产权分配说"，将科技成果转化视为技术知识的传递与再分配。普雷斯（Press，1979）的"科技知识应用论"将科技成果转化视为一种在全社会的普及与应用。帕克和齐尔伯曼（Parker et al，1993）提出，科技成果转化是指将基础知识、信息和创新从大学、研究机构或政府部门的实验室转移到私有或半私有的个人或企业的过程。雷本蒂施和费雷蒂（Rebentisch et al，1995）提出，科技成果转化是指企业内部有形的知识资产，如技术、操作程序和组织结构的转移。美国学者博兹曼（Bozeman，2000）将科技成果转化定义为技术转让，即技术知识或技术在组织结构中的迁移。有学者提出，科技成果转化实质上是知识的流动与配置。地域转移观点则将技术转移视为国家或地区间的技术转移（Schoen et al，2014）。

国内关于技术转移的研究也有一套成熟的体系。从技术的流动角度，相关研究认为技术转移就是实验室研发的新技术或者知识从技术发明走向技术创新，再从技术创新走向技术扩散的过程。其中，新技术或者知识可以是有形的实际产品或者无形的理论体系，可以是宏观的知识面，也可以是微观的知识点。从技术主体的角度，相关研究认为技术转移就是技术的两大主体——技术提供方和技术需求方，因供需关系相互作用而产生的流程。从技术的来源角度，相关研究认为技术可以从内部和外部两种渠道获取，技术的内部获取是指技术本身的升级和创新活动，技术的外部获取则是指由于发展需要，供需双方产生的技术转移活动。关于技术的纵向转移，国内学者认为其是指新的科学技术，为了社会经济的发展需要，从实验室走向企业（市场）的过程。

与国外相比，国内关于技术转移的研究开展较晚，国内学者也从不同的视角对技术转移这一概念进行了研究，从不同角度对技术转移的概念进行了界定。林慧岳（1992）将技术转移定义为技术与知识及载体在技术活动中的发明、创新与传播三个方面的方向流，即技术与知识的流动。赵黎明（1994）对技术转移的界定是：技术供应商的技术创新起始，通过技术供应商的供应流程，通过不同的技术转让途径，将技术扩散或者转让给技术采纳者，在技术采纳者的引入过程中获取新的技术，并对其进行消化、吸收和创新。傅正华等（2007）提出，从广义上讲，技术转移是为了实现经济目标而进行的、以技术为导向的信息传递过程。杨善林等（2013）提出，技术转移是指具有商业特征的技术在不同利益主体（技术提供者与接受者）之间的转移。张士运（2014）将技术转移总结为：技术转移就是在组织之间进行技能、知识、技术、生产方法、样品和人工产品的共享，从而使得更大规模的中介或终端用户可以获得科技知识和研发结果，并将其应用于新产品、新工艺、新组织结构、新应用、新材料或新服务。许云（2016）在归纳国内外学者关于技术转移的界定后，将其概括为技术的纵向转换，即技术由实验室走向市场的过程，也就是技术产业化和商品化的过程。

在以上学者对技术转移进行定义或概念界定的基础上，潘雄锋等（2017）和李海波等（2017）将区域间的技术转移定义为科学技术通过特定的载体在不同地域之间的流入和流出过程，地区间技术输出与技术吸纳的交易金额、交易数量越多，表明此地区的技术转移越活跃。科学技术的提供方通常指的是大学、科研院所等机构，科学技术的接受方通常是指可以将技术产业化的企业，双方的技术优势之间的差异促使了技术从高位到低位的流动（李家洲 等，2017；李壮 等，

2021），区域之间的供需双方可以通过合作研究、专利许可、论文或专利引用、技术交易、高技术产品贸易、成立合资企业等多种方式实现技术的输出与吸纳过程（陈恒 等，2009；侯媛媛 等，2017；龚勤林，2022）。

本书采用《国家技术转移示范机构管理办法》（国科发火字〔2007〕565 号）中关于技术转移的定义，即：技术转移是指制造某种产品、应用某种工艺或提供某种服务的系统知识，通过各种途径从技术供给方向技术需求方转移的过程。

2.2 技术转移的运行模式

我国技术转移的参与主体包括政府、高校和科研院所、中介机构和企业，在技术转移方面，由政府直接建立或参与建立的非营利性组织、高校和科研院所是技术供给的主体。通过查询文献可以得知，近年来，技术转移运行模式的研究对象主要为高校和科研院所，以企业或营利性组织为研究对象的研究少之又少。本书在总结技术转移运行机制的研究进展时，仍旧以高校和科研院所为主要分析对象。

现有相关研究主要以过程视角和动力视角对科技成果转化模式进行分类。其中，技术转移的过程视角将技术转移的各个环节和具体流程作为研究的重点。杨栩等（2012）的研究认为，我国的技术转移模式不是单一的运行模式，而是自行投产、技术转让、委托开发和联合开发的组合，技术转移模式可以被界定为运用以上四种模式将科学技术转化为现实生产力的一种运行方式。黄平等（2015）认为，技术转移转化要遵循一种基本的流程：首先，要以成果导向为基础；其次，技术供给方和技术需求方要能够完成对接；再次，科技成果进行中试孵化；最后，走向产业化。科技成果的转移转化绝大多数要经过以上四个环节。常旭华等（2018）根据技术转移的途径和收入的方式将技术许可、技术转让和技术入股三种模式进行了归纳，进一步地，从大学技术转移的能力与意愿、科技成果价值及科研人员行为决策等方面提出了"技术超市"、重大技术攻关、技术秘密转让、技术体外循环四种转化模式。靳瑞杰等（2019）通过对大学技术转移的途径分析，将大学科技成果转化的模式归纳为技术许可、技术入股、技术转让、产学研合作和学术参与五种。

技术转移的动力视角，即将技术转移的推动因素和动力机制作为研究的重点。马松尧（2004）在研究中指出，技术转移的推动力可以分为内部动力和外部动力，技术转移转化是两种动力共同作用的结果。内在动力包括企业对最大化利润的追求和潜在的创新意识，科研院校对于经济和社会效益的追求，以及技术转化意识。为了营造良好的技术转移环境而制定的法律法规、为推动成果转化而注入的资金和技术转移后的收益分配组成了科技成果转移转化的外部动力。技术转移的动力机制好比一驾马车的两个车轮，缺少任何一个轮子，技术转移活动都很难进行。胡振亚（2012）依据在科技成果转化中起推动与主导的核心作用的主体类型，将技术转移归类为自主直接转化模式、市场间接转化模式、推广转化模式及联合转化模式。

戚湧等（2015）以科研成果分类为依据，提出了可以将各类科技成果转化的三种转化模式：一是基础公益型科技成果要以政府为主导的转化模式，二是专有技术型科技成果应以市场为主导的转化模式，三是共性技术要匹配政府主导与市场转化的混合转化模式。从微观视角而言，科研人员的行动将决定科技成果转移转化的四种模式，即内生、推进、牵引和激励。然而，个体的行为错综复杂，有时难以区分行为动力的来源和强度，技术转移有着自身的内在规律，其成功与否并不完全以人的意志为转移。

此外，学者们还从高校技术转让的市场化运作机理这一视角出发，对高校技术转让进行了探讨。张娟等（2011）提出高校科技成果转化实行市场化运营的关键在于构建健全的组织机制、资金筹措与分配机制、专业服务与约束机制，即设立兼具管理与运营两种职能的高校科技园，按市场规则进行资金筹措与分配，强化产学研结合，强化产学研合作的全过程管理，构建以利润分配为核心的激励与约束机制。易明等（2017）认为，高校院所的技术转移是我国科技成果转移转化体系的重要组成部分，也是深化创新系统建设的一个重要环节，是联系科技供求关系和市场需要的重要桥梁。高校是掌握着众多的核心前沿技术和研究成果的组织，高校利用自己的技术和研究人员的优势，对技术转移的各个环节都进行了积极的介入。其研究从驱动机制、消化吸收再利用机制、成果认定机制、信息传导机制等几个方面对高校院所技术转移的运作机制进行了论述。其中，高校技术转移模式主要有传统模式、孵化器模式、中介机构模式、高校衍生企业模式。张锡军等（2020）通过对高校科研成果的生产及转移转化情况的分析，从政策环境与运作机制两个角度对影响高校科研成果转化的主要因素进行了深入的研究。其研究结果显示，我国高校科研成果转化所处的政策环境可以分为"两报两批""三权改革"和"全面深化"三个阶段。在风险控制、专业机构和人才队伍建设、职称评聘、兼职兼薪和离岗创业等方面，我国有代表性的高校的科技成果转移转化机制都进行了大胆的创新。

2.3 技术转移的影响因素

国内外学者对于技术转移的影响因素分析主要是以高校、科研院所为研究对象，因此本书以高校、科研院所技术转移影响因素的相关文献为重点进行梳理。政策环境、技术水平和经济水平等是影响高校、科研院所技术转移的主要因素，长期以来，学术界围绕这些内容开展了详细研究。

2.3.1　政策因素

受资金支持的发明产权分配中的管理权力分配不够充分（肖尤丹 等，2018；常旭华 等，2019）的影响，目前我国的科技成果转移行为具有明显的非市场化特点。其中，政策驱动因子是最大的变项。"拜杜规则"从 2002 年起在我国施行，但与同时期进行改革的德国、日本相比，其效果却相差很多，这主要是因为当时我国还没有形成"拜杜规则"所需要的条件（康建辉 等，2009；何炼红 等，2013）。自 2015 年起，以"科技成果转化三部曲"为主要内容的新一轮重大政策变革强化了前期的产权激励与财税普惠激励，但对如何给予股权或长期使用权制度的表述与实现路径尚不明确（常旭华 等，2019）。科技成果作价入股/投资过程中递延纳税优惠操作难，应税规则不明确，财税制度与转化规律脱节（张胜 等，2017；常旭华 等，2018；宋河发 等，2019）。

2.3.2　技术因素

哈吉多恩（Hagedoorn，1996）的研究表明，区域内投资机制、要素禀赋、关键技术的获取及市场竞争等因素对技术转化的影响是显著的；郭强等（2012）对 6 种类型的技术要素进行了分类，分别是特征、意愿、传授、关系信任、吸纳和转化能力。常旭华等（2019）认为新兴技术领域突破了传统的线性创新模式，突破了基础和应用的界限，实现了更高的转化效率。

2.3.3　经济因素

有的学者将科技成果转化视为一种社会性行为，认为转化效应与社会的经济和文化因素密切相关。杨迎平（1994）的研究结论是：科技成果本身的特征、人的观念、人力结构、资金状况、社会需要和社会生产环境等都会对科技成果转化产生一定的影响。有的学者从技术产生的根源上提出科技成果转化受立项合理性、市场推广和后续跟踪三个因素的制约，以理论为主的研究成果并不一定需要实现科技成果真正的转移转化（刘姝威 等，2006；李正卫 等，2009）。在研究方法上，定量的研究方法占据了很大的比重。大部分研究都使用了博弈论的方法（李攀艺 等，2007；刘威 等，2008）。拉哈尔等（Rahal et al，2006）和方文辉等（Fong et al，2018）使用的是逻辑回归分析法，万金荣等（2006）使用的是层次分析法，莫里西等（Morrissey et al，2005）运用了动态模型，王华统等（2003）则借助主成分分析对科技成果转化进行了定量研究。

然而，技术转移的影响因素仍存在诸多问题值得探讨：

1）技术转移具有多主体参与、多目标共存的特征，以往聚焦单一主体、单一环节的研究难以从系统层面论述技术转移，需要综合考虑成果供给侧、转移转化通道、成果需求侧等多个维度，确定主导的影响因素。

2）日本、欧洲各国及我国均在 2000 年左右开始效仿美国设置"类拜杜规则"，但取得的效果却不尽相同，这表明排除政策差异外，区域异质性因素不可忽略，即便在我国的背景下，技术转移区域差异也非常显著，需要进行针对性研究。

2.4　技术转移机构的内涵和功能

国内外学者从不同角度揭示了技术转移机构的内涵。郭曼等（2018）认为技术转移机构是知识经济条件下产生的一种中介机构。克雷林等（Kreiling et al，2020）认为技术转移机构是技术生产、流通、扩散的中介组织，客观地推动了技术创新的价值挖掘与实现。知识的生产、运作和价值创造是人类社会由工业经济向知识经济转型的重要驱动力（朱晓红 等，2019），技术转移机构便是一种知识分工的产物，表现为：高校内的创新人员不仅要集中精力进行科研，还要寻找技术买家，企业也常常通过委托专家对采购的技术进行估价，从而为技术转移机构的涌现提供了机遇（王小勇 等，2009）。技术转移机构具有自身独特的性质，这一点在学术界已经达成共识。技术转移机构最重要的属性便是中介作用，这一点体现在包括政府、高校院所和企业等不同的参与主体之间，技术转移机构在高校院所的科技成果转移到企业的过程中发挥了评估、专利申请和利益分配等作用（龚雪媚 等，2010）。技术转移机构的专业化也是其自身属性的一种体现。专业化是一种有效的技术转移机制，它可以增强并扩大技术转移机构在产业和技术领域的先验知识，以弥补技术转移边界的壁垒，提升技术供需双方的技术转移动能（樊春良 等，2018）。本书采用我国科学技术部（下文简称"科技部"）发布的《国家技术转移示范机构管理办法》（国科发火字〔2007〕565号）对于技术转移机构的定义，即：技术转移机构，是指为实现和加速技术转移过程提供各类服务的机构，包括技术经纪、技术集成与经营和技术投融资服务机构等，但单纯提供信息、法律、咨询、金融等服务的机构除外。

国外对于技术转移机构的功能定位研究比国内要早。霍庇等（Hoppe et al，2001）对技术转移机构在技术供给方与技术接收方间的中介效应进行了研究，得出以下结论：企业对新发明投入收入的不确定性是其存在的基础；技术转移机构可借由对发明所做的专业技术鉴定，将具有市场潜力的发明与不具备市场潜力的发明加以归类；信息对称可以减少技术转移中的不确定因素，促进技术转移效率的提高。赫尔曼（Hellmann，2007）指出，相对于单一的科学家或者团队，技术转移机构能够利用其自身的专业优势，以更低的成本找到潜在的买家。机构是高校和企业间的中间商，对提高科技成果转化的效率具有重要意义。斯塔德勒（Stadler，2007）等从理论上探讨了高校专利授予制度对高校的影响，指出高校通过科技中介组织可以有效缓解在专利质量方面的信息不对称，而高校的技术转移机构则可以为高校构建良好的声誉，为知识产权建立保护机制。因此，技术转移机构的作用主要有两个：第一，它可以为研发工作者提供信息，减少搜索成本；第二，通过对企业进行技术评估，减少企业的投资风险。瑟斯比等（Thursby et al，2001）对美国62所研究型高校的技术转移机构进行了调研，结果表明：71%的受访者将技术转移机构视为实现科技成果转化收益的主要目的组织，61%的受访者将技术转移机构实现科技成果市场化视为次要目标。作为独立的法人，技术转移机构必须以盈利为前提。但卡尔森等（Carlsson et al，2002）指出，机构不仅能为高校带来收入，还能推动高校实现教学与科研的均衡发展，并为企业提供科技服务。在这一背景下，詹森等（Jensen et al，2003）进一步考察了高校、技术转移机构和政府机构在技术转让中的角色，认为技术转移机构是一种将具有商业化潜力的技术成果向社会公开、向社会转移的组织。大学是创造发明的拥有者；机构是科技成果创造者和所有者的利益协调者，也是科技成果所有者与用户的中间媒介。

2000年以后，我国学者对于技术转移机构功能定位也展开了研究。2001年，清华大学、上海交通大学、西安交通大学等六所大学的技术转移机构相继挂牌，成为我国首批被认定的国家技术转移中心。孙理军等（2003）指出了我国建设技术转移中心的功能定位，他认为：技术转移中心的定位体现在两个方面，一是技术的创新，二是技术的推广；中心的功能主要包含三个方面，一是技术中介作用，二是技术推广作用，三是技术创新作用。技术转移机构通过技术注册、技术成果统计和技术信息的及时发布，快速地将高校、研究机构和企业的科技成果转化，并通过评价、咨询、技术培训等手段推动技术的扩散。在此基础上，利用专家系统，协助企业进行技术创新和技术研发，指导企业进行技术决策，为国家产业政策的制定提供科学依据。

关于技术转移机构功能的研究，高校的技术转移机构功能是学术界研究的重点。高校所属的技术转移机构将原始创新、集成创新和协同创新有机地结合在一起，它的主要任务是将知识、技术、人才和市场等资源进行整合，促进技术孵化和产业化，为科研人员提供专业化的创新和创业服务。其主要职责是协助科技工作者把科学研究与市场需求联系起来，指导应用研究的进程与企业的创新需要相联系，帮助科学家进行专利的申报、技术的评价，以及确定技术成果的处置权、进行技术中介活动、制订成果的收入分配办法、建立产权管理体系、为技术投资和融资服务、开展国际技术交流、培养高层次人才等。

高校的技术转移机构具有行政管理和市场化运营的双重职能。行政管理职能主要是对校内技术成果进行管理，而市场化运营职能主要是实现技术成果的货币化。行政职能对于高校而言驾轻就熟，是高校的强项，市场化运营职能是高校所缺乏的。高校应该兼顾科技成果的研发和对接企业对科技成果的需求，加强成果处置权的管理。市场化运营职能不为高校所熟悉，其核心主要是对技术成果进行搜集、筛选、对比、分析、加工、集成或二次开发，根据市场需求及产业发展趋势组织技术研发和技术成果的产业化开发，组织各类技术推广、交流和贸易活动，提供中试、工程设计、工艺集成、工艺设计、测试分析等服务，为客户提供技术咨询、技术论证、技术评估、技术投标、投资和融资、经营策划、发展战略研究服务等，在此基础上，为科技企业提供法律、金融等方面的专业服务，为科技交易各方提供服务（熊鸿儒，2013）。高校是知识创新的源泉，也是科技创新和技术研发的关键。高校的技术转移机构是一种专门的机构，它可以为高校的科技成果转化提供全链条、全方位的服务，包括内设机构、联合地方和企业设立独立机构及全资公司等。丹妮拉等（Daniela et al，2018）认为其作用有推动科技成果转化、发挥高校研发能力、保护知识产权等。

2.5 技术转移机构的运行模式

依据技术转移机构的定位、性质和功能，可以将技术转移机构归纳为四种类型：①依托于高校和科研院所建立的内设机构；②依托于政府建立的法人机构；③第三方独立法人运营机构或企业；④各种产权交易平台或产权交易所。从上述技术转移机构的具体分类来看，企业、事业型机构、交易市场和高校及科研院所是技术转移的四类主体，依托不同的主体会衍生出各式各样的技术转移模式。通过对国内外技术转移机构模式研究的梳理发现，以高校院所为主体的技术转移机构的运行模式是研究重点。

20 世纪，美国便出现了最早的技术转移机构，技术转移机构的建设围绕着美国高水平高校进行，出现了较为出名的三种经典模式：威斯康星校友研究基金会模式、麻省理工学院第三方模式和斯坦福大学技术许可办公室模式。其后，学者们从多个角度出发，进行了大量的精细化研究。第一，从组织治理的角度出发，弗舍等（Fosher et al，2002）将高校技术转移机构运营模式划分为内部模式和外部模式。内部模式是指以高校为主体建立技术转移机构的运营模式，外部模式是指以非营利或营利性的企业形式在高校之外运营的模式。第二，从组织管理集权与分权视角出发，可分为以"集中式"和"分散式"为基础的技术转移机构运行模式。舍恩等（Schoen et al，2014）以欧洲 16 所大学为研究对象，将技术许可办公室模式进一步细分，重新界定了四种典型的技术许可办公室模式，包括传统和自治技术许可办公室两种、综合学科和专业学科技术转移联盟两种。在此基础上，学者们进行了更加细致的研究。于热等（Huyghe et al，2014）认为高校技术转移机构不总是采用单一的模式运行，某些高校在建设技术转移机构时多种模式并存的情况并不少见，即在大学核心研究层建立集中式技术转移机构，在一般研究层通过分散的机构从事转移活动。

林克等（Link et al，2005）认为，从技术许可办公室的设立主体可以看出，大学是其依托单位，其是隶属于学校的内设机构，学校对于技术许可办公室拥有绝对的运营权力，学校通过对科学技术、专利和发明创造等的直接管理，可与技术或产权需求方签订协议，出让技术许可权。日本是技术转移办公室模式成功运营的典型代表。日本把大学技术许可办公室的运营划分为三个阶段：发现评价、成果转移、成果产业化后的评价。发明人先向技术许可办公室提交自己的研究结果，由该组织对其进行估价，申请专利；该组织在征得发明人许可的情况下，通过出版机构、网络和传媒等方式向社会公布其技术资料；经双方同意后，组织方签署成果转移协议；此后，有关部门有责任把技术转让得到的收入返还给发明人。该组织还将承担一些后续的工作，如对知识产权的保护（韩振海，2004）。以色列在科学和技术革新上取得了令人瞩目的成绩，很多地方都值得借鉴。以色列构建了高效率的创新活动运作体制，其基本做法是：第一，由各级政府部门联合组建国家科技政策制定与活动管理组织，完善国家创新系统的宏观调控机制。第二，在政府部门设立研发机构，在区域内、企业、大学内部设立研发公司，从而构成多种形式的研发机构。第三，通过完善科技计划，确定科技发展方针和战略方向，促进产学研密切合作，加快创新成果转化（张明龙 等，2010）。德国则重视技术转移队伍的建设，以需求为导向，以人为载体，政府给予有力的政策支持和资金投入，加上健全的运作体制和组织结构、突出品牌的经营策略，德国的技术转移机构对德国企业的技术创新和德国的经济发展具有重要的意义（李玉清 等，2014；徐兰 等，2017）。集中管理模式与分散管理模式相结合的混合模式同时存在于英国的公共科研机构技术转移机制中，实施主体多元化，商业模式多样化，激励政策多层次化，但不同机构取得的成效存在差异性（刘娅，2015）。

在西方发达国家已经建立起较为完善的技术转移机构运行模式的时候，我国才逐渐开始相关研究。前期，西方发达国家较为成熟的技术转移机构运行模式成为构建我国技术转移机构运行模式的主要参考。对于我国而言，主要参考的是内部机构模式和第三方独立运营模式两种。对于美国而言，自斯坦福大学提出技术转移办公室的概念后，此模式便成为美国高校技术转移机构模式建设的主流，获得了众多高校的青睐，各高校由传统的模式逐渐转向技术转移办公室的模式，随后此模式成为标准模式（罗涛，2002）。2010年前后，我国学者开始了我国高校技术转移机构模式创新的研究。相较于国外，我国的技术转让组织的经营方式比较简单，在技术定位、技术评价、技术推广、技术转移等方面都存在着较高的附加值和较大的作用（叶桂林，2004）。张娟等（2012）通过总结我国高校建立的技术转移机构的性质和运行机制，提出了职能部门模式、公司模式和研究院模式三种技术转移机构运行模式。也有学者将我国高校的技术转移机构归纳为高校隶属职能部门模式、高校衍生企业模式、校企联合研究院/研究中心/实验室模式等（闫文军 等，2015）。

随后，我国学者基于不同视角对技术转移机构的运行模式进行了更加深入的研究。基于协同创新视角，宋慧等（2013）认为，产学研协同创新是建设技术转移机构必不可少的条件，技术转移机制建设在运营技术转移机构方面起着重要的作用，从北京科学技术研究院与中国科学院北京分院的合作便可以看出。基于组织理论视角，有学者指出我国高校技术转移机构在不同的运行模式下还存在各种问题，如技术转移从业人员专业能力不强、企业参与力度弱、制度不规范等。因此，高校技术转移机构要通过完善组织结构、改革组织制度、强化组织文化等加强技术转移机构的建设，进而更好地开展科技成果转移转化工作（闫文军 等，2015）。基于能力升级视角，可将技术转移机构分为三种类型，即交易型、技术孵化器型和资源集成型。三种类型的机构恰好形成了我国科技成果转化组织能力提升的路径。科技成果转化组织的能力提升并非出于其自愿，而是由机构本身的特点及技术本身的性质所决定的。能力不足是目前我国技术转移机构建设面临的一个重要问题，而机构建设与发展的关键在于实现能力的提升（郭曼 等，2018）。基于"边界组织"视角，将边界组织扩展至技术转移范畴，建立边界组织的理论模型，并与已有的边界组织模式进行比较，探索其产生的机制和优越性，在此基础上，借鉴国内外在边界组织模式中的实践经验，结合我国实际需求，可以发展技术转移机构的边界组织模式（许可 等，2021）。

2.6 技术转移机构运行绩效的影响因素

自我国建立技术转移机构以来，高校院所便成为我国技术转移机构体系建设最重要的组成部分，虽然我国技术转移机构正在朝市场化方向不断迈进，但未来一定时期内，高校院所设立的技术转移机构仍然是我国技术转移机构的重要力量。因此，高校院所技术转移机构运行绩效不仅仍然是各领域学者研究的重点，也是加快我国技术转移机构市场化进程的重要一环。技术转移机构的运行绩效受多种因素的共同影响，包括内外部环境和运行模式等。现有的关于技术转移机构运行绩效的研究比较零散，研究方法通常为理论研究、实证研究和二者相结合。很多学者围绕这一问题展开了深入的理论分析与实证研究。总结相关学者对于技术转移机构运行绩效的研究，可以将众多影响因素归纳为两类，一是内部影响因素，二是外部影响因素。

2.6.1 内部影响因素

西格尔等（Siegel et al，2003）通过对 5 所研究型高校的调研，识别了对高校技术转移机构发展可能产生重大影响的若干重要因素，包括教师任期、激励政策、技术使用费、分配制度、人员配备等，并指出高校需要在一个高度专业化的环境下协同工作。拉赫等（Lach et al，2003）等从专利使用费、分配机制和激励机制三个方面论述了高校技术转移机构的影响因素。基于以上研究，西格尔等（Siegel et al，2003）在进行了大量的调查与检验后，提出了两个重要变量，即雇员人数与外部的法律费用。在此基础上，他将技术转移机构的总投入分为年度发明数量、机构全职员工人数、外部法律费用和专利授权费用，产出为年度专利许可数量和年度专利许可收入。研究发现，技术转移机构中人员数目越多，协议数量就越多，但所得却不会越多。其研究还表明，高校管理层以《拜杜法案》为参考，制定了一系列奖励措施，以最大限度地获得专利授权。

彭辉等（2009）及楚昆巴等（Chukumba et al，2005）的研究表明，员工素质对技术转移机构的运行有明显的正向作用。霍伊等（Hoye et al，2009）提出，企业研发投入不足是影响产学研合作效率的主要因素，应通过举办研讨会、培训班等方式促进产学研合作。技术转移机构的规模、成立年限等因素对其运行绩效都有一定的影响，但其效果是积极的还是消极的，却有不同的看法。查普尔等（Chapple et al，2005）的研究发现，技术转移机构的规模越小、专业化程度越高，其效率就越高，单纯地扩大机构规模对其绩效的影响并不大。斯塔德勒（Stadler 2007）则从不同角度提出了不同的看法，即技术转移机构的信任度有助于增强与技术需求方的合作关系，即使大学下属的技术转移机构规模不大，但是如其开展的各类科技活动的数量足够多，仍然可以帮助大学建立起信任度，而信任度的提高有助于技术转移机构实现更高利润的技术转让。

也有学者结合我国的实际对技术转移机构运行绩效进行了更深层次的探讨。李文波（2003）认为技术转移机构的属性、文化、地域等是影响其发展的重要因素。叶桂林（2004）通过对华中理工大学技术转移中心运营模式的分析，提出了我国现有的技术转移机构亟须转变运营模式，通过运营模式的转变给机构带来更多的附加值和更多的功能，从而让更多的科研人员选择通过技术转移机构实现科技成果转移转化。

2.6.2　外部影响因素

通过系统梳理相关的研究，可以得出结论：我国技术转移机构的运行绩效除内部因素外，还受到高校、区域、政策等外部因素的影响。外部影响因素包括高校规模、内部组织结构、区域研发经费投入水平和经济活动程度、国家政策和政府的行为等。

1. 机构环境

斯塔德勒（Stadler，2007）认为，高校的规模、内部机构、地区研发经费投入程度、经济活动程度等因素对机构内部的科技成果转化效率有显著的影响。查普尔等（Chapple et al，2005）指出，当高校成立医学院时，其效率将受到一定程度的抑制。研究表明，如机构位于研究与开发水平、国内生产总值较高的地区，技术转移效率就高，这说明存在地区外溢效应。

2. 政策环境

目前学术界普遍认为，国家政策对科技成果转化组织的发展有很大的影响。马克曼等（Markman et al，2005）通过对美国1980年《拜杜法案》《史蒂文森·怀德勒技术创新法》、1985年《联邦技术转移法案》的分析，指出这三部法律都极大地促进了美国的技术转让与成果商品化，并且促进了技术转移机构的成长。日本在借鉴美国经验的基础上，从建立有利于高校科研成果转化的法律环境入手，于1998年出台《大学技术转移促进法》，要求高校建立科技成果转移转化组织，以推动科研成果产业化，并将产业化成果进行反馈，进而推动高校向具有市场应用潜力的科研开发活动投入更多精力。韩振海等（2004）对日本技术转移机构进行了分析，得出日本政府根据具体功能、相对重要性、发展潜力及成果转化效应等综合因素，将技术转移机构划分为承认型和认定型两种类型，并在此基础上给予相应的扶持政策与待遇。赵凤义等（2009）的实证分析显示，美国、日本等国家有着较为完备的利益分配制度，对高校、企业具有很强的激励作用。不过，莫厄里等（Mowery et al，2001）对《拜杜法案》的影响持负面看法，他指出，《拜杜法案》虽然能加速科技转移，但并非大学科技转移增长的唯一原因，而且，美国的科技产业也在不断发展，这并非《拜杜法案》所致。

3. 政府

政府的顶层设计指引着政策方向，进而对技术转移机构运行绩效的高低起着重要作用。郭飞等（2005）对日本有关大学技术转让的立法进行了详细地阐述，重点对其运作过程进行了剖析。此外，其对日本政府采取的相关扶持政策与改革举措进行了探讨，阐明了政府在大学科技转移过程中应该起到的导向与支持作用。

日本在政策上提供了更多的资金投入，加大了专利使用费的减免力度，并派出专利流转专家等。毕会英（2006）认为，政府应为高校科技成果转化创造良好的政策环境。美国政府制定了一系列的法律法规，制定了多项促进高校技术成果转化的政策。毕会英表示，国家已从过去的"以科技为主"转到"以创新为主"的模式，目前已逐渐关注"以评价为主"的"评价"模式，并已启动高校科技成果转化评价工作。

总体而言，机构环境、政策环境及政府对科技成果转化的作用是影响技术转移机构运行效率的三个重要外部因素。国外的相关研究多集中在制度环境方面，而我国的相关制度尚不健全，相关研究更多地关注政府的行为与政策制定。尽管目前学术界对于技术转让制度效率的影响仍有不同意见，但是良好的政策环境对于技术转让的发展无疑是有利的，除此之外，政府还应在决策过程中起到引导作用。

2.7　技术转移机构的发展对策

对于技术转移机构的发展对策的分析，与前文技术转移机构运行模式、影响因素分析等一样，以高校院所为运营主体的技术转移机构是主要研究对象。国外的高校很多为私立高校，即使是公立的高校也已经发展出了市场化的技术转移机构。与国外不同的是，我国较高水平的院校绝大多数为公立院校，依托于高校建立的技术转移机构或者高校的内设机构大多是非营利性的，均与政府有所联系，这也是我国技术转移机构最明显的特征。

技术转移机构被称为科技界连接学术和运用的"经纪人"（Comacchio et al，2012），也被称为科技成果转移转化的"边界扳手"（Huyghe et al，2014）。在对技术转移机构进行系统、细致研究的基础上，伯科维茨等（Bercovitz et al，2001）在机构内部结构、桑德林（Sandelin，2010）在机构建设的风险规避、本格特松（Bengtsson，2017）在政府的引导作用、瑟堪多等（Secundo et al，2017）在绩效的影响要素、皮萨基斯等（Pitsakis et al，2020）在科技成果转化的战略设计等方面提出了相应的策略和建议。事实上，技术转移机构是在不断发展的，其运营模式和机制也将随着环境的改变而变化（Daniela et al，2018）。洛基特等（Lockett et al，2003）指出，为了使科技成果转化具有更多的市场化属性，众多高校开始建立外部第三方企业，为高校技术转移提供服务。米利奥里等（Migliori et al，2019）

和杰弗森德等（Jeffersond et al，2017）分别从如何建立灵活的市场运营机制和人才管理机制等方面提出解决对策。在我国，不同建设模式下高校技术转移机构存在不同的运行问题。例如，隶属于高校的职能部门具有较强的行政色彩，市场捕捉能力和成果对接能力欠缺，而高校外设企业存在可持续资源保障难以为继、内外沟通效率低下等问题。为此，针对内部型高校技术转移机构，应积极转变职能定位，满足市场需求（陈恒 等，2009），培养专业化复合型技术经纪人团队，促进技术、专家和企业精准对接（王小绪，2014），不断完善内部治理结构，加强技术转移机构制度管理（李小丽 等，2014）；对于高校外设的公司制技术转移机构，应推动技术服务专业化，构建有效的融资体系（张典范 等，2012），加强信息交流和共享，建立长效沟通机制（李伟 等，2014）。

第3章 省际技术转移能力评价

党的二十大报告明确指出，要提高科技成果转化和产业化水平。创新型国家建设，高水平科技自立自强，重大原始创新突破是基础，关键核心技术攻关是核心，产业强大是关键。如何提高科技成果转化和产业化水平，使技术转移转化为现实生产力，是现阶段基础创新领域和技术创新领域等关注的焦点之一。缩小省际技术转移能力差异和一体化的提升是建设创新型国家、实现产业转型升级及区域经济高质量发展的关键。

近年来，管理学、经济学和地理学等多个学科对于技术转移能力的研究不断丰富，研究对象主要为高校，研究主题主要集中于技术转移转化评价、模式、政策、机制和经验借鉴等方面。在实证方面，国外学者对于技术转移的研究多集中于转移效率和能力的评价。斯瓦米达斯等（Swamidass et al，2009）和克里斯特尔（Christle，2018）的研究表明，大学技术转移协会是实现高校技术转移绩效提升的有效手段。贝尔基奇（Berchicci，2013）指出，企业科技成果转化效率的提高可以依靠技术引进等措施实现。国内学者对于技术转移的研究主要集中于高等院校、产学研合作、科技成果转化模式等方面（陈红喜 等，2020），主要聚焦于评价指标的建立、评价方法的应用及影响因素的探析（吕海萍 等，2020）。评价指标可以分为单一指标和综合指标。郭冬梅等（2021）以我国专利数据为单一指标，研究了进口对企业科技成果转化的影响。李兰花等（2020）基于专利技术转让单一指标探讨了高校技术转让的行为模式及技术转移办公室的作用。李娟等（2023）构建了科技成果转化的多元化体系，论证了大数据驱动下的科技成果转化理论机理，并实证验证了内部研发经费支出机制在大数据与科技成果转化间的中介作用。谭涛等（2023）基于建立的我国31个省域高校科技成果转化综合指标，分析了其与区域高技术产业发展间的关系。采用的评价方法主要有因子分析法、元数据分析法和突变综合评价法（郭俊华 等，2016；于淳馨 等，2017；徐哲根 等，2019；余晓卉 等，2011）。

国内外学者在技术转移方面的研究已经取得丰硕成果，为省际技术转移能力的研究提供了良好的基础。第一，技术转移的主体多为单一主体，多以高等院校为主要研究对象，鲜有研究从省际视角将高校和企业同时纳入技术转移能力综合评价体系中。第二，鲜有文献从空间地理角度研究省际技术转移能力的空间演化趋势和规律。因此，本书基于跨区域技术转移，以我国 31 个省份为研究对象，采用 2011—2021 年各省份的面板数据，从科技投入能力、成果产出能力、转移服务能力、科技孵化能力、科技商业环境五个方面构建技术转移能力的综合评价指标体系，采用改进熵值法评价省际技术转移能力，对于塑造和发展浙江省技术转移转化的空间协同合作模式具有积极的作用，可以为各级政府机构在实施区域性的技术转移转化方面的差别化措施时提供必要的决策依据，为技术转移机构创新机制建设和市场化路径选择提供理论基础和数据支撑。

3.1　研究方法与数据说明

3.1.1　研究方法

确定指标权重是技术转移能力提升评价的关键环节。主观赋权法、客观赋权法和二者相结合的综合赋权法是常采用的三种确定指标权重的重要方法。由于本次研究对象差异较大，主观赋权法难以完全解释指标的合理性，所以本书采用客观赋权法；为进一步提升权重的科学性和精准性，本书采用改进熵值法对指标进行赋权。

信息论将信息熵定义为一个系统的失序程度，当一个指标的值偏离越大，其信息熵就越低（系统的失序程度越高），这个指标所包含的信息量就越多，在综合评价中的权重也就越大；反之，一个指标的值变化越小，其权重就越低（苏洁，2007）。所以，在对多指标综合评判时，可以通过各个指标的变化程度求出其权重，从而为评估工作提供客观依据。在此基础上，学界提出了一种新的基于信息熵的模糊数学模型，并将其与标准化方法相结合，使其具有完全意义的客观性。此方法为改进赋值法（郭显光，1998；杜赛花 等，2020）。技术转移能力综合值计算步骤如下：

第一步，无量纲化处理。由于子系统指标量纲和单位存在差异，需要对子系统指标进行归一化处理，计算公式为

$$x_{ij}^{''} = K + \frac{(x_{ij} - \bar{x}_j)}{\sigma_j} \tag{3.1}$$

式中，$x_{ij}^{''}$ 为同度量化后消除负值的指标值；K 为坐标平移的幅度；$\bar{x}_j$ 为第 j 项指标的平均值；σ_j 为第 j 项指标的标准差。

第二步，计算指标 $x_{ij}^{''}$ 的比重 R_{ij}。计算公式为

$$R_{ij} = \frac{x_{ij}^{''}}{\sum\limits_{i=1}^{m} x_{ij}^{''}} \qquad (3.2)$$

第三步，计算第 j 项指标的熵值 e_j，其中 $e_j \in [0, 1]$。计算公式为

$$e_j = -\left(\frac{1}{\ln m}\right) \sum\limits_{i=1}^{m} R_{ij} \ln R_{ij} \qquad (3.3)$$

第四步，计算第 j 项指标的变异系数 g_j，计算公式为

$$g_j = 1 - e_j \qquad (3.4)$$

第五步，计算指标 x_j 的权重 w_j。计算公式为

$$w_j = \frac{g_j}{\sum\limits_{j=1}^{n} g_j} = \frac{1 - e_j}{\sum\limits_{j=1}^{n} 1 - e_j} \qquad (3.5)$$

第六步，计算技术转移能力综合值 A_i。计算公式为

$$A_i = \sum\limits_{j=1}^{n} w_j R_{ij} \qquad (3.6)$$

3.1.2　数据说明

本书以我国 31 个省份为研究对象，港澳台地区不在研究范围内。依据数据的可获取性原则，研究时间跨度为 2011—2021 年。指标体系内所有子系统的指标数据分别来自 2011—2022 年《中国统计年鉴》（中国统计出版社）、2012—2022 年《中国科技统计年鉴》（中国统计出版社）、2011—2022 年《中国技术市场统计公报》（科学技术文献出版社）、2012—2022 年《中国火炬统计年鉴》（中国统计出版社）和 2012—2022 年《高等学校科技统计资料汇编》（高等教育出版社）。部分省份（西藏、新疆、青海）部分年份个别缺失的数据采用插值法补充。

3.2　省际技术转移能力评价体系构建

技术转移能力的评价通常通过构建评价体系来实现。目前，评价体系的建立

并没有形成统一的标准。因研究对象和研究视角不同，构建的评价体系也呈现差异化。多样化指标法是用来评价技术转移能力较为全面和科学的研究方法。对于技术转移能力综合评价指标的构建，不同学者从不同视角进行了研究。梁玲玲等（2020）在借鉴美国等发达国家技术转移评价相关经验和方法的基础上，以我国科技转移体系现实情况为依据，以组织实施、基础架构、实施绩效、转移通道和支撑保障五个子系统建立了国家技术转移体系建设评估体系，子系统二级指标有 19 个，三级指标有 46 个。郭正权等（2021）以北京市为研究对象，运用系统动力学模型，从政府行为、企业行为、高校行为和科技中介行为四个方面论证了对科技成果转化的影响程度，变量指标有 27 个。杜赛花等（2020）认为广东省的科技创新孵化能力应包含孵化器数量、在孵企业总收入、孵化器从业人员数量、在孵企业数量和孵化器面积等指标。徐哲根等（2019）评价高校科技成果转化能力时运用了 10 个一级指标和 21 个二级指标。吕海萍等（2020）以高校为研究对象，认为高校技术转移能力应该涵盖基础研究能力、应用服务能力、知识产出能力和经济产出能力 4 项二级指标及 16 项三级指标。

总结学界对于技术转移能力内涵的界定，结合我国当前的经济环境及科技转移转化政策指引，本书将省际技术转移能力界定为：某个省域突破省际界限，将硬科技和软科技等成果进行市场化和产业化的综合能力。结合上述学者构建的技术转移能力指标体系及数据的可获取性，本书将从企业层面、高校层面构建省际科技转移能力评价体系。研发投入是科技投入最有效的表征，是研发的基础，是科技成果转化的基石；成果产出能力是区域科技成果转移转化的动力源泉；转移服务能力是促进成果市场化和产业化的重要因素；科技孵化能力是衡量城市创新能力的关键指标，是成果转移转化最直接的体现；良好的科技商业环境更有利于提升科技成果转移转化的效率和质量。因此，本书以规模以上工业企业和高等院校为研究对象，以科技投入能力、成果产出能力、转移服务能力、科技孵化能力和科技商业环境 5 个二级指标、20 个三级指标构建技术转移能力评价指标体系。具体指标体系见表 3.1。

表 3.1　技术转移能力评价指标体系

一级指标	二级指标	三级指标	单位	权重
技术转移能力	科技投入能力	研究与试验发展（R&D）人员全时当量	万人／年	0.051

续表

一级指标	二级指标	三级指标	单位	权重
技术转移能力	科技投入能力	研究与试验发展（R&D）内部经费支出	万元	0.052
		研发机构数量	个	0.043
		科技项目数量	个	0.050
	成果产出能力	专利授权量	件	0.049
		发表科技论文数量	篇	0.057
		出版科技著作数量	种	0.059
		有效发明专利数量	件	0.052
		形成国家或行业标准数量	项	0.052
	转移服务能力	国家技术转移示范机构数量	个	0.046
		技术转让合同数量	项	0.037
		专利所有权转让技术收入	万元	0.044
		全国技术合同成交额	亿元	0.053
	科技孵化能力	众创空间数量	个	0.051
		当年服务的企业及团队数量	个	0.040
		在统孵化器数量	个	0.051
		孵化器内企业总数	个	0.049
	科技商业环境	GDP 总量	亿元	0.058
		高技术产业企业数量	个	0.050
		研究与试验发展（R&D）投入强度	/	0.059

3.3　技术转移能力评价结果

依据前文构建的省际技术转移能力评价指标体系，基于 2011—2021 年我国 31 个省份的数据，采用改进熵值法计算出技术转移能力评价指数，计算结果见表 3.2。

表 3.2　技术转移能力评价指数

各省（自治区、直辖市）及区域均值	2011 年		2016 年		2021 年		年均增长率 /%
	指数	排名	指数	排名	指数	排名	
北京	0.181	2	0.255	3	0.403	4	9.295
天津	0.071	14	0.117	12	0.114	18	5.308

续表

各省（自治区、直辖市）及区域均值	2011 年		2016 年		2021 年		年均增长率 /%
	指数	排名	指数	排名	指数	排名	
河北	0.056	17	0.103	15	0.150	14	11.474
山西	0.038	21	0.047	23	0.074	20	7.767
内蒙古	0.028	23	0.054	21	0.062	24	9.092
辽宁	0.098	9	0.115	14	0.144	15	4.291
吉林	0.042	20	0.065	19	0.072	21	6.328
黑龙江	0.068	15	0.082	18	0.096	19	3.931
上海	0.128	4	0.172	6	0.290	6	9.536
江苏	0.272	1	0.472	1	0.705	1	11.148
浙江	0.126	5	0.232	5	0.455	3	15.303
安徽	0.080	11	0.122	11	0.207	10	11.101
福建	0.054	18	0.099	17	0.160	13	12.759
江西	0.032	22	0.064	20	0.128	17	16.776
山东	0.124	6	0.234	4	0.357	5	12.464
河南	0.115	7	0.172	7	0.258	8	9.450
湖北	0.100	8	0.146	8	0.259	7	11.125
湖南	0.076	13	0.117	13	0.195	12	11.018
广东	0.172	3	0.341	2	0.696	2	16.824
广西	0.027	24	0.042	26	0.072	22	11.660
海南	0.008	30	0.011	30	0.019	30	10.659
重庆	0.044	19	0.100	16	0.130	16	12.708
四川	0.079	12	0.129	9	0.215	9	11.830
贵州	0.021	26	0.042	27	0.061	25	13.447
云南	0.065	16	0.043	25	0.067	23	10.059
西藏	0.000	31	0.001	31	0.002	31	36.525
陕西	0.082	10	0.123	10	0.203	11	10.597
甘肃	0.025	25	0.052	22	0.052	26	8.467
青海	0.019	27	0.046	24	0.025	29	2.979
宁夏	0.010	29	0.017	29	0.029	28	12.129
新疆	0.015	28	0.023	28	0.029	27	7.815

续表

各省（自治区、直辖市）及区域均值	2011 年		2016 年		2021 年		年均增长率 /%
	指数	排名	指数	排名	指数	排名	
华北地区	0.075	—	0.115	—	0.160	—	8.825
东北地区	0.069	—	0.087	—	0.104	—	4.612
华东地区	0.117	—	0.199	—	0.329	—	12.203
中南地区	0.083	—	0.138	—	0.250	—	13.055
西南地区	0.042	—	0.063	—	0.095	—	12.049
西北地区	0.030	—	0.052	—	0.068	—	9.342
全国	0.069	—	0.109	—	0.168	—	10.544

进一步，基于 2011—2021 年我国 31 个省份的技术转移能力评价结果，绘出我国和六大区域技术转移能力变化趋势，如图 3.1 和图 3.2 所示。

1. 我国技术转移能力总体水平不高，且区域差异明显

如图 3.1 所示，从全国范围来看，2011—2021 年我国技术转移能力评价指数平均值为 0.121，10 年来维持在 0.1 ~ 0.2，总体水平较低，但是逐年增长趋势明显，由 2011 年的 0.072 增长至 2021 年的 0.185，年均增长 11.12%，维持在较高的增长水平。2011—2021 年，技术转移能力的变异系数历年值均在 0.8 以上，区域差异十分显著。变异系数由 2011 年的 0.829 上升至 2021 年的 0.953，一直处于增大状态，表明我国技术转移能力的区域差异在进一步扩大。

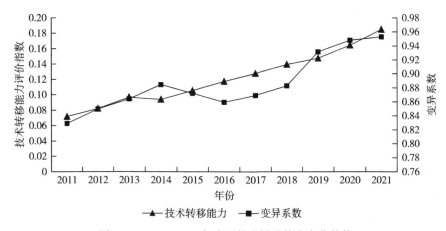

图 3.1　2011—2021 年我国技术转移能力变化趋势

2. 我国 31 个省份技术转移能力不断提升，但年均增长率差异较大

如图 3.2 所示，2011—2013 年，六个地区均保持相对较平稳的速度增长。2014 年后，各个地区的技术转移能力评价指数开始逐渐增大，得益于国家技术转移中心的建设，华东地区和中南地区表现出较强的增长态势，且与其他区域的差异不断增大。西北地区由于区位因素和科技产业困境等，增长态势一直较为缓慢，在 2013 年后已经被西南地区赶超。

从空间维度来看，华东地区技术转移能力明显处于领先地位，其次是中南地区、华北地区、东北地区、西南地区，处于末位的是西北地区。华东地区、中南地区和华北地区以更快的增长速度逐渐与东北地区、西南地区和西北地区拉开差距。各省、自治区、直辖市年均增长率差异较大，最低为青海，年均增长率仅有 2.979%，最高为西藏，年均增长率为 36.525%，西藏为青海的 12.25 倍。广东年均增长率为 16.824%，居于第二位；江西年均增长率为 16.776%，居于第三位；浙江年均增长率为 15.303%，居于第四位；贵州年增长率为 13.447%，居于第五位。

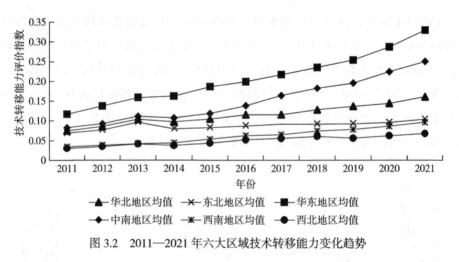

图 3.2　2011—2021 年六大区域技术转移能力变化趋势

3. 典型省份技术转移能力突出，表现为技术转移能力较强或较弱，抑或绩效排名变化较大

2021 年，技术转移能力排名前三的省份分别是江苏、广东和浙江，其中江苏 2011—2021 年一直处于首位，而广东 10 年来一直处于前三位置，浙江省则以 15.30% 的年均增长率从 2016 年的第五名跃升至 2021 年的第三名，在高水平队伍中保持了较高的增长速度。江苏和广东均具有良好的科技资源和产业资源基础，且科技投入不断加大，技术转移能力显著提升。2021 年江苏和广东的技术转移能力评价指数分别达到 0.705 和 0.696，是 31 个省份中仅有的评价指数超过 0.5 的两个省份。江苏和广东高等院校、高新技术企业、规模以上工业企业的科技研发投入和科技商业环境均一直处于遥遥领先状态，因此这两个地区的科技成果产出能力、科技转移服务能力和科技孵化能力不断以较高的速度提升。技术转移能力排在后三位的是青海、海南和西藏。西藏技术转移能力增速最快，到达了 36.52%，但是由于西藏科技相关基础薄弱，2021 年的技术转移能力评价指数也仅为 0.002，处于末位，处于全国最低水平。技术转移能力排名提升最大的是福建和江西，两个省份均提升 5 个位次。技术转移能力排名下降最快的是云南和辽宁，分别下降 7 个位次和 5 个位次。

以上基于全国 31 个省份 2011—2021 年的相关数据，运用改进熵值法对这些省份的技术转移能力进行了评价，得出如下结论：省际科技成果转移能力整体水平不高，省域差异明显，呈现出由西向东的“人”字形演化趋势、由北向南的倒 U 形演化趋势。2021 年，排名前五的省份分别是江苏、广东、浙江、北京和山东。

第4章　我国技术转移机构建设现状

4.1　我国技术转移机构的建设阶段与特点

我国技术转移机构经历了一个历史发展的过程。20世纪80年代，技术转移机构的雏形开始出现。随着我国技术的进步、经济的发展和环境的改变，技术转移机构的数量逐渐增加，质量逐渐提升。从作用上看，技术转移机构可以大致分为三类：一是直接参与服务对象技术创新过程的机构，包括生产力促进中心、创业服务中心、工程技术研究中心等；二是主要利用技术、管理和市场等方面的知识为创新主体提供咨询服务的机构，包括科技评估中心、科技招投标机构、情报信息中心、知识产权事务中心和各类科技咨询机构等；三是主要为科技资源有效流动、合理配置提供服务的机构，包括常设技术市场、人才中介市场、科技条件市场、技术产权交易机构等。在经历了40余年的发展之后，技术转移机构已成为国家科技创新系统中的一个重要组成部分，对提升国家科技成果的转化率起到了很大的推动作用。我国技术转移机构的发展大致经历了三个阶段。

4.1.1　自我探索阶段

自20世纪50年代至70年代，我国实行计划经济体制，当时技术还未被认为是一种商品。关于科技管理和科技服务，当时主要包括评审和鉴定新研发的技术、登记新研发的技术、对新研发技术的核心内容进行保密，并对研发人员和单位进行奖励等。1982年《经济合同法》实施，标志着技术作为商品进行引进或转移的过程开始受到法律保护。1985年我国专利制度开始实施，保护了研发新技术的人员和机构的知识产权，明确了产权意识，规范了知识管理。20世纪80年代中期，全国大部分高校成立了专业的科技服务部门，负责转化本校新研发的技术。一时间，新研发技术的转移数量有了质的提升，对社会经济的发展起到了促进作用。

自20世纪80年代末起，国家开始认识到科学技术对于发展生产力的重要作用。我国技术转移机构诞生前期，由于缺乏经验，只能"摸着石头过河"，因此科技成果转化领域的政策和法律法规多次作出重大调整，目的是找到一条适合我国技术转移机构快速发展的道路，进而不断促进科技成果的转移转化，激发全社会的创新创业活力，促进科技与经济的深度融合。无论中央还是地方政府，都大力推进科技成果的转移转化，并对符合地区特征的技术转移机构给予扶持和指导。1978 年召开的全国科学大会揭开了我国科技成果转化理论和实践结合的序幕；1984 年实行的"对内搞活经济，对外实行开放"政策，一方面是为由城市到农村的科技成果转化提供方向，另一方面是为吸引外国先进技术提供政策保障；1985 年启动的"星火计划"助推了科技体制改革的步伐，使之符合社会主义商品经济发展的需要；"863 计划"是在 1986 年正式提出的，目的是对外国高科技的发展进行追踪和研究，为之后 40 年来技术转移的发展奠定了根基；1987 年从国家战略发展层面提出的"一个中心，两个基本点"促进了本阶段的技术引进和 21 世纪跨国公司的兴起；邓小平同志提出的"科学技术是第一生产力"把科技提升到前所未有的高度，为高新技术的研究、转移及应用奠定了理论和实践基础。

我国于 1992 年正式提出"以市场换技术"，当时国内企业十分渴望获得技术，而外国公司则不需要放弃自己的核心技术就能占领整个市场。1993 年我国建立了现代企业制度，期望借由现代化的经营体制尽快与国际接轨，改善作为技术受体的条件。我国于 1995 年启动"科教兴国"战略，希望通过高等教育改变在科技方面落后的状况。自"九五"以来，我国逐步由计划经济转向社会主义市场经济，经济发展模式也由粗放型转向集约型，推动科技成果的转化是改革的重点。1997 年我国启动"973 计划"，该计划旨在推动建设创新型国家，标志着技术转移从盲目引进过渡到有计划地引进、有目的地吸收、有意识地创新。

进入 20 世纪 90 年代以后，国家对于科学技术研究的投入越来越大，企业对于高校研发能力的需求越来越明显，促使高校、地方政府乃至教育部等更加重视高校科技服务部门的建立，高校走上了技术转移的舞台。据统计，"九五"期间，教育部带头成立了 44 个工程研究中心，教育部和科技部共同认定了 22 个国家级大学科技园。当时，国家审批的技术创新项目大部分是针对企业技术升级的难点和市场发展的需求点而设置的。政府、高校和企业的协同合作推动了高校科技成果转化的进程，培育了产学研协同创新的经济增长点。

4.1.2　战略引领阶段

20 世纪末 21 世纪初，开始以国内高校为主体建立技术转移机构，这是此阶段的特色和重点。新建立的技术转移机构与之前的科技部门、科技成果转化办公室、科技开发总公司和科技开发院等比较，不仅在名称上发生了改变，包含的内容和服务也有较大的差异。新建立的技术转移机构开始整合高校的人才资源、资金资源、信息资源和科学技术资源等，使传统的单一性技术转移管理部门向多元性技术转移经营性部门转变。在此基础上，部分资源丰富的高校开始探索以市场为导向的科技成果转化组织运作模式，建立大学科技成果转化公司，为本地区的科技成果转化提供专业服务。例如，西安交通大学在 1999 年组建了西安交大技术成果转移有限责任公司，并在此基础上设立了一个新的技术转移中心，两者统一运行。进入 21 世纪，由于国家对科技转让工作高度关注，政策扶持力度越来越大，企业对高校先进的科研能力和技术的要求也越来越高，出现了大量专业技术转让组织。2001 年，原国家经济贸易委员会、教育部批准了 6 所高等院校挂牌国家级技术转移中心，其中包括清华大学、华中理工大学、上海交通大学、华东理工大学、西安交通大学和四川大学。2002 年，科技部印发了《关于大力发展科技中介机构的意见》等一系列文件，从政策上支持高校创办专业性技术转移机构，促进校企协同合作，推动社会经济进一步发展。

4.1.3　协同改进阶段

2007 年，科技部、教育部、中国科学院联合发布了《"国家技术转移促进行动"实施方案》，标志着我国科技成果转化工作进入了一个新的阶段。在 2003 年的全国科技工作会议上，科技部把 2003 年定为"技术转移机构建设年"，并指出，要用五年的时间，将我国的科技中介服务体系完善起来，强化科技中介服务组织的建设，促进科技中介服务业迅速发展。各级科学技术主管部门要切实抓好工作，争取取得重大成绩。2006 年"十一五"规划提出，要加快科技要素市场的发展，促进各种中介机构的发展，促进产品和要素的价格形成。2006 年，科技部发布了《关于加快发展技术市场的意见》，指出要积极培育和发展各种类型的科技中介组织，使其走上专业化、规模化、标准化的道路。在此后的一段时间里，重视科技中介组织的功能、强化科技中介组织的培育成为重要的课题。

经过高校技术转移的探索创新，如何进一步发挥技术转移机构的作用，提高技术转移效率得到关注。2008 年，国家发展和改革委员会、科技部等颁布《关于促进自主创新成果产业化的若干政策》，为技术转移、科技成果转化提供政策支持。2009 年，为了贯彻落实科学发展观，推进实施《国家中长期科学和技术发展规划纲要（2006—2020 年）》，工业和信息化部、科技部、财政部、国家税务总局共同研究制定了《国家产业技术政策》。2011 年，《南京市促进技术转移条例》颁布，此后，全国范围内相继颁布了相关法规，为各地开展技术转让工作提供了指导。在《国家中长期科学和技术发展规划纲要（2006—2020 年）》的基础上，国务院于 2013 年发布了《国家重大科技基础设施建设中长期规划（2012—2030年）》；2016 年，中共中央、国务院印发了《国家创新驱动发展战略纲要》；2017年，《国家技术转移体系建设方案》发布。

各高校纷纷探索技术转移机构优化的路径，加强产学研合作，改革其建设模式和运行机制。各高校依托学校特色和学科优势，不仅负责本校技术转移工作，还开始负责研发行业共性技术，并承担其转移工作；不仅负责本地区的技术转移工作，还开始承担地区间、国家间的技术引进和技术转移工作。例如，清华大学技术转移中心开始将工作重心转移到引进国外先进技术，填补国内市场空白，同时帮助国内企业消化引进的新技术以提升自身产品竞争力，再将相关产品投向国际市场，帮助企业实现盈利，提升我国国际地位。华东理工大学依托学科优势，将技术转移的重点聚焦在化工领域，负责化工相关行业的技术转移工作，争取成为化工领域最具专业性和权威性的技术转移机构。此外，各省份相继发布技术转移相关政策，支持高校技术转移机构的完善和发展。例如，北京市鼓励高校成立高校技术转移联盟，上海市设立技术转移服务机构示范项目，南京市鼓励高校成立专业化技术转移服务机构等。

4.2 国家技术转移示范机构建设现状

国家技术转移示范机构是我国技术转移机构中具有独特商业模式、特色经营项目和核心竞争力的典型代表，其建设现状能在较大程度上反映我国技术转移机构的整体发展情况。2007 年 9 月 10 日，《国家技术转移示范机构管理办法》（下文简称《管理办法》）出台，标志着我国将建立起一批具有示范带头作用的国家级科技成果转移转化组织，即国家技术转移示范机构。《管理办法》指出，对于国家技术转移示范机构的评选，要采用综合评定办法，分批次、分领域、分地区评定，未来将国家技术转移示范机构培育成为我国技术转移转化工作的中坚力量。

2008 年我国第一批国家技术转移示范机构名单公布，之后又进行了五个批次的国家技术转移示范机构的评定工作，2015 年进行了第六批遴选，也是截至目前的最后一次评选。六次评定共选出示范机构 455 家。《管理办法》规定，会定期对所有的国家技术转移示范机构进行评估，评估不达标的机构将予以撤销。

自 2008 年首次设立国家技术转移示范机构以来，各地不断加强技术转移转化政策引领与管理服务，搭建技术转移平台，培育了一批具有良好信誉、行为规范、综合服务水平高、带动作用明显的技术转移示范机构。这些机构对促进技术中介、技术集成、技术评估、技术投资和融资等方面的服务及加快技术供给和需求对接、加快科技成果转化发挥了重要作用。目前全国共有国家技术转移示范机构 420 家。2022 年，根据对 385 家提供有效数据的国家技术转移示范机构的统计，国家技术转移示范机构在促进科技成果转移转化方面取得了良好的成绩，全年促成技术转移项目 14.6 万项，促成金额为 2 004.9 亿元，同比增长 10.3%。

在 385 家国家技术转移示范机构中，按照组织形式划分，84 家以高校为基础建立，32 家以科研院所为基础建立，219 家为政府所属，42 家属于独立第三方，8 家为技术交易所或产权交易所。其中，以政府部门为主的技术转移机构占56.9%，以高校和科研院所为主的占 30.1%，二者所占比例接近 90%，在促进技术转移和成果转化方面起着重要作用。但是与 2021 年相比，政府所属的科技转让机构数目减少了 4.3%，这很可能是因为，各级政府部门都在积极地进行科技要素市场的分配改革，推动了科技成果转化机构的专业化团队建设及市场化运作的改革。

经过十多年的发展，全国 31 个省份中，除海南、宁夏、西藏外，28 个省、市、自治区均已建设国家技术转移示范机构，大连、青岛等 5 个计划单列市及新疆生产建设兵团也均设有国家技术转移示范机构。其中，北京、江苏、广东三个地区拥有良好的科技创新环境、丰富的创新资源、强劲的科技成果转移转化动力，国家技术转移示范机构数量分别为 50 家、42 家和 28 家，居全国前三位。

在区域分布上，东部地区拥有 222 家国家技术转移示范机构，占比为 57.7%；中部地区拥有 41 家，占比为 10.6%；西部地区拥有 87 家，占比为 22.6%；东北地区拥有 35 家，占比为 9.1%。总体分布与前几年相比没有太大差异。由于东部地区科教资源优于中西部，更多的高校和科研院所位于东部地区，为科技成果转移转化提供了更多的资源，加上东部地区技术创新环境也较为活跃，所以半数以上的国家技术转移示范机构分布于东部地区。

2022 年，国家技术转移示范机构总的从业人员数量达到了 56 549 人。其中，负责科技成果转化工作的专职人员大约有 1.1 万人，约占从业总人数的 19.45%；

本科及以上学历者 44 434 人，占从业总人数的 78.6%；有 31 413 名从业者具有中级或以上专业技术职称，占从业总人数的 55.6%；有 5 038 名技术经纪人，占从业总人数的 8.9%，较 2021 年增加了 1.0%。一些新兴行业对技术创新的要求越来越高，市场竞争也越来越激烈，这就要求企业将更多的精力放在技术支撑和合作上，增加技术经纪人的数量已经成为一个普遍的趋势。

国家技术转移示范机构通过为创新主体提供服务，加速技术转移转化速率，促进技术转移项目落地。2022 年，国家技术转移示范机构促成公共财政投入计划项目成果转移 20 936 项，成交额为 230 亿元；促成国际技术转移项目 1 763 项，成交额为 382.7 亿元；促成重大技术转移项目（1 000 万元及以上项目）2 806 项，成交额为 1 013.3 亿元。在科技成果转移转化的所有项目交易中，战略性新兴产业的交易额增加最明显，完成技术转移项目数量达到了 79 724 项，技术交易金额达到了 1 312.2 亿元，比 2021 年增加了 49.5%。2012 年，国务院发布的《"十二五"国家战略性新兴产业发展规划》明确指出，"十二五"至"十四五"，我国将形成一股强大的力量，支撑"中国制造 2025"计划的实施。一般来说，战略性新兴产业通常都具有显著的科技创新特性，有可能在关键核心技术上获得突破，拥有很强的技术竞争力，可以代表新技术的发展趋势，这类转移项目的增多可以为战略性新兴产业的高质量发展不断注入新的活力。

技术交易活动和技术转移培训是国家技术转移示范机构的另一块重要业务，可以提升企业的创新意识，积累创新资源，加快技术经纪人队伍培养，加速推进知识产权保护。2022 年全年，国家技术转移示范机构共组织技术交易活动 15 096 次，参与技术转移培训的人员合计 379 879 人，共有 275 827 家企业受益，帮助企业解决技术需求合计 214 654 项；全年获得专利授权 194 242 项，比 2021 年增长 25.6%；全年获得版权授予 103 971 项，同比增长 88.5%。优异成绩的获得表明国家技术转移示范机构起到了培养科技成果转移专业人才及提升知识产权专业化运营能力的作用。2008—2021 年国家技术转移示范机构从业人员和主要业绩情况见表 4.1。

国家技术转移示范机构的特点，从定义上看，在于能提供"全流程服务"[1]；从评定条件看，则在于"服务能力强、业绩显著、模式明确"。2013 年年底，当国家技术转移示范机构达到 274 家时便宣告：以企业需求为导向、以大学和科研院

---

[1] 根据相关定义，国家技术转移示范机构是为促进知识流动和技术转移提供技术经纪、技术集成、中试孵化、技术评价、检验检测、技术投融资等全流程服务的技术转移服务机构。参见：许倞，张志宏 . 2018. 2018 全国技术市场统计年度报告［M］. 北京：兵器工业出版社 .

表 4.1　2008—2021 年国家技术转移示范机构从业人员和主要业绩情况

项目	年份													
	2008	2009	2010	2011	2012	2013	2014	2015	2016	2017	2018	2019	2020	2021
（反馈有效数据）机构数量/家	76	134	134	202	275	274	453	453	445	445	445	429	409	399
从业人员数量/人	5 544	8 176	10 438	22 303	36 980	29 462	40 045	38 081	40 063	40 665	44 164	44 458	62 183	55 924
平均从业人员数量/人	73	61	78	110	134	108	88	84	90	91	99	104	152	140
本科及以上学历人员数量/人	4 535	6 711	8 892	14 626	31 284	24 265	30 473	31 399	32 897	33 449	34 511	36 711	47 466	45 631
本科及以上学历人员占比/%	81.80	82.05	85.19	65.58	84.60	82.36	76.10	82.45	82.11	82.26	78.14	82.57	76.33	81.59
中级及以上职称人员数量/人	3 206	4 889	6 412	10 222	24 484	17 527	21 263	22 032	21 557	22 775	23 733	24 801	35 413	33 908
中级及以上职称人员占比/%	57.83	59.80	61.43	45.83	66.21	59.49	53.10	57.86	53.81	56.01	53.74	55.79	56.95	60.63
技术经纪人资质人员数量/人	957	1 206	2 232	1 500	2 506	1 821	3 124	4 211	4 123	4 253	4 396	4 524	4 496	4 441
技术经纪人占比/%	17.26	14.75	21.38	6.73	6.78	6.18	7.80	11.06	10.29	10.46	9.95	10.18	7.23	7.94
专职技术转移工作人员/人	3 136	4 478	5 034	8 615	—	—	—	—	—	—	—	—	—	—
专职技术转移工作人员占比/%	56.57	54.77	48.23	38.63	—	—	—	—	—	—	—	—	—	—

项目														
促成技术转移项目/项	1 683	13 381	316 602	47 342	73 107	71 285	114 282	127 249	131 080	117 176	124 281	141 115	149 961	148 947
促成技术转移成交额/亿元	—	103.00	790.00	1 285.69	1 417.94	1 397.97	1 838.85	1 789.14	2 625.00	1 779.29	2 133.34	2 310.20	2 006.00	1 817.00
促成国家财政投入转移项目数量/项	—	1 389	5 788	7 868	9 659	11 911	19 271	19 076	19 563	22 473	23 662	23 440	22 035	25 047
促成国家财政投入转移项目成交额/亿元	—	15.6	51	170.25	114.27	194.82	283.28	225.63	441.2	309.12	241.67	341.2	297.1	203.2
促成重大技术项目/项	—	59	1 229	2 627	1 052	1 124	1 573	2 667	3 076	2 945	2 506	2 490	3 191	3 284
促成重大技术转移成交额/亿元	—	24.70	314.00	888.25	494.23	381.42	534.30	596.96	1 038.80	876.99	1 009.34	622.50	644.30	732.20
促成国际技术转移项目/项	—	—	1 480	2 096	2 848	2 485	3 005	2 218	2 536	2 864	2 864	2 024	1 951	2 004
促成国际技术转移成交额/亿元	—	—	50.90	85.76	56.97	108.00	47.35	56.85	218.60	73.02	112.91	117.20	63.80	84.40

数据来源：2009—2022 全国技术市场统计年度报告。

所为源头、以技术转移服务为纽带、产学研相结合的新型技术转移体系已逐步形成。然而，考察十年来国家技术转移示范机构的发展，可以发现以下几个问题。

1. 人员素质仍需加强

根据《2021 全国技术市场统计年度报告》发布的数据，国家技术转移示范机构从业人员总量虽然已经突破 5.5 万人，但是具有专业资质的技术经纪人的数量却相对较少，并且随着时间的推移，有着严重的减少趋势。

如图 4.1 所示，2010 年，在第二批国家技术转移示范机构名单公布后，拥有专业资质的技术经纪人占比达到历史最高点 21.38%，而在 2011 年，也就是公布第三批国家技术转移示范机构的名单之后，技术经纪人的比重出现了下跌，这一占比猛跌至 6.73%，直至 2015 年才回升到 11.06%，2016—2019 年均保持在 10% 左右，2020 年下降至 7.23%，2021 年稍微回升，但是也仅有 7.94%。国家技术转移示范机构从业人员的知识储备相较于其他行业要求较高，这一点从从业人员的学历情况也可以看出。自首批示范机构名单公布以来，本科及以上学历从业人员比例均在 80% 上下，拥有中级职称的从业人员所占比例也较为稳定，维持在 50% ～ 60%。从岗位要求看，技术转移从业人员的主体应该是毕业于理工农医专业并获得技术经纪人资质的复合型人才，不是接受过任何专业的本科教育、获得任何专业的中级职称的人员就能胜任技术转移工作的。由于数据不足，我们不能对全国技术转移示范机构的从业人员的职业背景进行评判，但是，从示范机构中获得职业经理人资格的人数来看，从业人员专业资质不足是一个不争的事实。

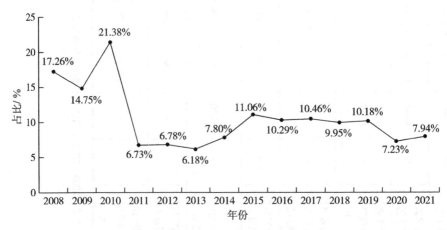

图 4.1　2008—2021 年技术经纪人占比

数据来源：2009—2022 全国技术市场统计年度报告。

2. 服务业绩稳定性差

2010 年，首批和第二批国家技术转移示范机构平均促成的技术转移项目曾高达 2 362.7 项，平均促成的技术转移额达 5.9 亿元。然而，在国家技术转移示范机构扩容至 453 家后的 2015—2018 年，国家技术转移示范机构促成的技术转移成交项目和技术转移成交额在全国的占比起伏较大。如图 4.2 所示，示范机构促成的技术转移项目在全国的占比，2015、2016 年上升到 41%，2017 和 2018 年却大幅下降至 32% 和 30%，2021 年下降至 22%；促成的技术转移成交额在全国的占比，2016 年为 23%，2017 和 2018 年猛降至 13% 和 12%，2021 年下降至 5%。示范机构促成的重大技术转移项目（1 000 万元及以上项目）成交额在全国的占比，2016 年为 40%，2019 年跌至 32%，2021 年上升至 40%。2015—2021 年，促成的重大技术转移项目占比较低，维持在 2% 左右，仅 2017 年为 3%。在国际技术转移领域，2015—2021 年促成的国际技术转移项目占比维持在一个较低的水平，2015—2018 年维持在 2%，而 2019—2021 年下降了一个百分点；促成的国际技术转移成交额占比，2015 年为 3%，2016 年上升至 8%，2017 年下降至 4%，2019 年回升到 9%，2020 年下降至 3%，2021 年上升至 5%，回升两个百分点。可以说，在国际技术转移领域一直在较低的水平波动中起伏。国家技术转移示范机构 2015—2021 年的平均业绩见表 4.2。

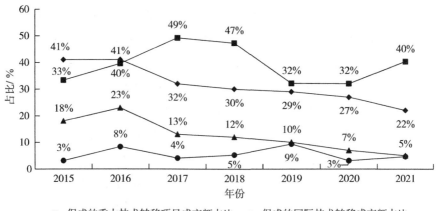

图 4.2　2015—2021 年国家技术转移示范机构交易情况

数据来源：2016—2022 全国技术市场统计年度报告。

表 4.2 国家技术转移示范机构 2015—2021 年的平均业绩

年份	示范机构数量 / 反馈有效数据机构数量 / 家	示范机构平均促成的技术转移项目 / 项	示范机构平均促成的技术转移成交额 / 亿元	促成的技术转移项目占比 /%	促成的技术转移成交额占比 /%	促成的重大技术转移项目占比 /%	促成的重大技术转移成交额占比 /%	促成的国际技术转移项目占比 /%	促成的国际技术转移成交额占比 /%
2015	453/453	280.9	3.95	41	18	2	33	2	3
2016	453/445	294.56	5.9	41	23	2	40	2	8
2017	453/445	263.32	4.0	32	13	3	49	2	4
2018	453/445	279.28	4.79	30	12	2	47	2	5
2019	432/429	328.94	5.39	29	10	2	32	1	9
2020	425/409	366.65	4.90	27	7	2	32	1	3
2021	420/399	373.30	4.55	22	5	2	40	1	5

数据来源：2016—2022 全国技术市场统计年度报告。

3. 模式探索任重道远

国家技术转移示范机构认定的必要条件之一是"模式明确"。但是，"模式"的含义目前并不明确，在试点工作中，技术转移机构的主体类型、地区平衡及服务类别是国家技术转移示范机构评定标准的主要依据。经 2008 年和 2009 年两次评定，共遴选出 233 家国家技术转移示范机构，主体类型细分为四种，分别是依托大学设立、依托科研院所设立、企业类和政府所属类示范机构。2009 年，在第二次机构评定之后，134 家国家技术转移示范机构按四种主体类型进行分类，其中，以大学为基础的有 35 家技术转移中心，占总数的 26%；以科研院所为基础的有 35 家技术转移中介组织，占总数的 26%；以企业为基础的技术转移中介组织有 24 家，占总数的 18%；以政府部门为基础的有 40 家技术转移中介组织，占总数的 30%。2010 年及之后，主体类型细分为六种，其中技术交易所和技术产权交易所在统计中常归为一类。2015 年开展了第六批国家技术转移示范机构评定工作，也是截至 2024 年的最后一批次评定。其中，以大学为基础的有 134 家技术转移中心，占比为 30%；以科研院所为基础的有 121 家技术转移中介组织，占比为 27%；有 81 家独立第三方的技术转移中介组织，占比为 18%；以政府机构为基础的有 83 家技术转移中介组织，占比为 18%；有 34 家技术（产权）交易机构，占比为

7%。从以上数据可以看出，我国国家技术转移示范机构主要依托大学和科研院所成立，独立第三方技术转移机构较少，即使是技术（产权）交易机构，大多数也会有政府背景。各批次国家技术转移示范机构的类型见表 4.3。

表 4.3　各批次国家技术转移示范机构的类型

评定年份及批次	机构主体类型									
	依托大学设立的技术转移中心		科研院所技术转移中心		企业类技术转移公司		技术转移中介服务机构			
	数量/家	占比/%	数量/家	占比/%	数量/家	占比/%	数量/家	占比/%		
2008 年（第一批）	20	26	19	25	7	9	30	40		
2009 年（第二批）	35	26	35	26	24	18	40	30		
							技术转移中介服务机构			
							政府所属技术转移机构		技术交易所和技术产权交易所	
							数量/家	占比/%	数量/家	占比/%
2011 年（第三批）	50	25	59	29	15	7	63	32	15	7
2012 年（第四批）	65	24	82	30	29	10	82	30	17	6
2014 年（第五批）	134	45	—	—	—	—	—	—	22	7
2015 年（第六批）	134	30	121	27	81	18	83	18	34	7

数据来源：科学技术部创新发展司，中国技术市场管理促进中心，2016. 2016 全国技术市场统计年度报告［R］.

主体类型不同的示范机构似有不同的技术服务领域。以大学和科研院所为基础建立的国家技术转移示范机构的主要职能是为依托主体提供专业化的服务。依托政府部门设立的国家技术转移示范机构是指具有一定政府职能的科技成果转移转化组织，包括技术交易市场、生产力促进中心和检测中心等机构。

技术交易中心主要从事技术交易、专利成果拍卖、招标代理等业务，科技产权交易所主要从事产权交易、股份代理、科技金融等业务，它们大都是具有政府背景的机构。属于企业类型的国家技术转移示范机构，既不依靠科研院校提供技术，也不具备政府部门的职能，是单纯提供技术经纪、技术评估、中试孵化、技术检测和投融资等服务的独立第三方运营机构。所有主体类型不同的技术转移机构都是技术市场发展的产物，但其不同的体制背景、不同的技术转移服务模式对技术交易的效率和技术市场的有效性产生了怎样的影响，值得进一步探讨。

通过六次评定，2015 年国家技术转移示范机构已在除西藏外的全国 30 个省、自治区、直辖市、新疆生产建设兵团和 5 个计划单列市全面布局。这种布局对于探索符合地方特点的技术转移模式是有益的。东部地区因具有高校和科研机构数量多、研发能力强、技术交易活跃等优势，示范机构数量明显领先于中部和西部地区。

2011 年第三批示范机构评定后，服务类别曾经成为对示范机构加以区分的一个标准。其中，以技术转移中心、技术交易所（市场）、地方科技发展中心和成果转化中心为代表的综合技术转移机构有 115 家，占比为 57%；在先进制造、新材料、生物制药、农副产品精深加工、纺织、煤炭和军工等行业中专业技术转移机构有 79 家，占比为 39%；8 家示范机构进行了国际科技成果转化工作，占比为 4%。2012 年第四批示范机构评定后，综合性和专业性技术转移机构得到同比例增长。

按服务类别分类突出了各示范机构的业务重点和服务方式，是对技术转移模式比较接近的反映。事实上，第一批入选的技术转移机构均已在其所属行业内形成了具有较高效率的科技成果转化服务模式。例如，以清华大学为代表的一批高等院校、研究机构的科技成果转移机构，以产学研结合的方式，加快了技术的转移与扩散；北京中科前方生物工程技术股份有限公司成立了一个集技术中试和市场中试为一体的实验中心，为科研院所与企业之间的技术转让架起了一座桥梁；上海高科生物工程有限公司通过与上海青浦区的技术转移机构合作，建立了"创客驿站"，以满足企业的科技创新需要；中国农业科学院饲料研究所技术转移中心是一个由科研院所和企业组成的成果转化联合体，负责科研成果的二次开发、中试和产品推广。形式多样的技术转移模式在符合技术市场的本质要求、适应技术商品化和科技成果转移市场化的内在规律方面有哪些优势与不足，仍然值得进一步总结。推进技术转移的探讨与实践对完善技术转移专业队伍建设、促进技术转移机构健康发展、提升技术转移机构服务绩效具有特别重要的意义。

第5章　浙江省技术转移机构建设现状及关键问题

5.1　浙江省国家技术转移示范机构发展情况

浙江省是华东地区科技创新要素集聚地，拥有一批在全国乃至全球具有重要影响力的高校、科研院所、高新技术企业和大科学装置，是全国技术交易较为活跃的地区之一，培育了众多的技术转移机构和技术转移人才队伍。根据《中国火炬统计年鉴 2023》，2022 年，浙江省全年技术合同成交数量为 43 627 项，全年技术合同成交额为 2 546.5 亿元，占浙江省国内生产总值（GDP）的 3.27%，按照技术合同成交额排名居全国第 9 名，在华东地区排名最后一位，位于上海、江苏和安徽之后；输出技术合同 43 356 项，输出技术成交额 2 435.1 亿元；吸纳技术合同 49 596 项，吸纳技术成交额 3 111.5 亿元。宁波作为浙江省的计划单列市，输出技术合同 3 971 项，输出技术成交额 345 亿元，在 5 个计划单列市里排名第四；吸纳技术合同 6 483 项，吸纳技术成交额 462 亿元，在 5 个计划单列市里排名第三。

浙江省不断加强国家技术转移示范机构的建设，基于国家技术转移示范机构的主体，全方位提升科技成果转化专业化服务能力，积极构建技术转移转化体系。浙江省国家技术转移示范机构在推进技术成果转移转化中已经取得相当成效。近年来，浙江省国家技术转移示范机构建设不断推进，服务规模不断扩大。2021 年，浙江省拥有国家技术转移示范机构 26 家，居全国第 5 位。浙江省国家技术转移示范机构名录见表 5.1。根据《中国火炬统计年鉴 2022》，2021 年，浙江省国家技术转移示范机构交易合同数量为 6 985 项，占全省技术转移交易合同总量的 8.8%；国家技术转移示范机构交易额为 56.6 亿元，占全省技术转移交易总额的 1.4%，国家技术转移示范机构在区域技术转移交易中的作用日益凸显。

表 5.1 2021 年浙江省国家技术转移示范机构名录

序号	机构名称	所在城市
1	杭州枫惠科技咨询有限公司	杭州
2	杭州高新技术成果产业化服务有限公司	杭州
3	杭州科畅科技咨询有限公司	杭州
4	杭州绿纽信息科技有限公司	杭州
5	杭州市生产力促进中心	杭州
6	浙江大学技术转移中心	杭州
7	浙江火炬星火科技发展有限公司	杭州
8	浙江理工大学科技服务中心	杭州
9	浙江省科技交流和人才服务中心	杭州
10	浙江省科技评估和成果转化中心	杭州
11	浙江天科高新技术发展有限公司	杭州
12	湖州市南太湖科技创新中心	湖州
13	浙江长三角与欧洲波罗的海国际技术转移中心	湖州
14	中国科学院湖州应用技术研究与产业化中心	湖州
15	金华市科学技术开发中心	金华
16	温州市科技创新服务中心（温州市国家自主创新示范区建设服务中心）	温州
17	义乌市思特科技信息咨询有限公司	义乌
18	中国纺织科学研究院（浙江）技术研究院有限公司	绍兴
19	中国科学院嘉兴应用技术研究与转化中心	嘉兴
20	中国科学院台州应用技术研发与产业化中心	台州
21	宁波表面工程研究院有限公司	宁波
22	宁波浙达技术服务有限公司（浙江大学宁波技术转移中心）	宁波
23	宁波市生产力促进中心（宁波市对外科技交流中心）	宁波
24	宁波市鄞州德来特技术有限公司	宁波
25	中国兵器科学研究院宁波分院（中国兵器工业集团军民双向技术中心）	宁波
26	中国科学院宁波材料技术与工程研究所所地合作与技术转移办公室	宁波

数据来源：科学技术部火炬高技术产业开发中心 . 2022. 中国火炬统计年鉴 2022［M］. 北京：中国统计出版社 .

5.1.1　建设情况

1. 法人构成情况

2008 年，科技部开始正式建立国家技术转移示范机构，分三个阶段、共 6 个批次进行国家技术转移示范机构的评选工作。截至 2021 年年底，全国共有 399 家国家技术转移示范机构。其中，东部地区拥有 225 家，中部地区拥有 55 家，西部地区拥有 84 家，东北地区拥有 35 家。北京市作为全国的政治、经济中心，是全国拥有国家技术转移示范机构数量最多的城市，有 51 家；江苏省位居第二，拥有 45 家；广东省位居第三，拥有 34 家；山东省居于第四位，拥有 27 家；浙江省排名第五，拥有 26 家。除北京市和江苏省稳居前两名之外，山东、浙江、上海、四川四个地区的国家技术转移示范机构数量相差并不大。同为长三角地区重要的省份，浙江省与江苏省的差距较为明显，浙江省较江苏省少 19 家，占浙江省总量的 73.08%。2021 年全国重要省市国家技术转移示范机构数量见表 5.2。

表 5.2　2021 年全国重要省市国家技术转移示范机构数量

地区	北京	江苏	广东	山东	浙江	上海	四川
示范机构数量 / 家	51	45	34	27	26	23	22

数据来源：科学技术部火炬高技术产业开发中心 . 2022. 中国火炬统计年鉴 2022［M］. 北京：中国统计出版社 .

浙江全省 26 家国家技术转移示范机构中，企业法人机构 15 家，事业法人机构 7 家，民办非企业机构 1 家，内设机构 3 家。浙江省是各省市中为数不多拥有民办非企业国家技术转移示范机构的省份，企业法人机构占据了国家技术转移示范机构总量的 57.7%，一定程度上反映了浙江省企业的技术转移转化服务能力在全省占据主导地位。2021 年浙江省国家技术转移示范机构类型及占比如图 5.1 所示。示范机构按主体类型分为高等院校、科研院所、政府所属机构、独立第三方市场化机构四种。高等院校所属机构有 3 家，占机构总量的 11.5%，所属的大学为浙江大学和浙江理工大学；科研院所所属机构有 6 家，占 23.1%，所属的科研院所为中国纺织科学研究院、中国兵器科学研究院与中国科学院；政府所属机构有 9 家，占 34.6%；独立第三方市场化机构有 8 家，占 30.8%。独立第三方市场化机构占比接近三成，表明浙江省技术转移市场化程度在不断加大；高校所属机构所占比例仅为 11.5%，表明高校机构的技术转移转化能力有待提高。

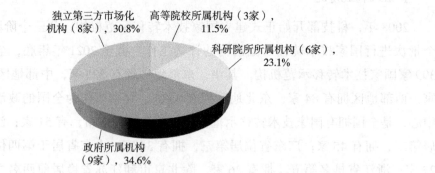

图 5.1　2021 年浙江省国家技术转移示范机构类型及占比

数据来源：科学技术部火炬高技术产业开发中心 . 2022. 中国火炬统计年鉴 2022［M］. 北京：中国统计出版社 .

2. 区域分布情况

从区域来看，浙江省国家技术转移示范机构主要集中于杭州和宁波两个城市（表 5.3）。在浙江省 11 个地级市中，衢州、舟山、丽水三个地级市尚未建立国家技术转移示范机构。杭州和宁波共拥有国家技术转移示范机构 17 家，占浙江省总量的 65.4%。可见，经济水平和城市功能定位是决定国家技术转移示范机构区域分布的重要因素。

表 5.3　2021 年浙江省国家技术转移示范机构区域分布情况

地区	杭州	宁波	湖州	金华	温州	义乌	绍兴	嘉兴	台州
机构数量 / 家	11	6	3	1	1	1	1	1	1

数据来源：科学技术部火炬高技术产业开发中心 . 2022. 中国火炬统计年鉴 2022［M］. 北京：中国统计出版社 .

3. 人员构成情况

浙江省国家技术转移示范机构从业人员整体素质较高，本科及以上学历人员构成了从业人员主体。据统计，2021 年全省国家技术转移示范机构从业人员总数为 3 936 人，各层次从业人员人数及占总人数的比例如图 5.2 所示。

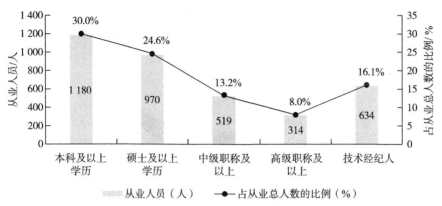

图 5.2　2021 年浙江省国家技术转移示范机构人员构成

数据来源：科学技术部火炬高技术产业开发中心 . 2022. 中国火炬统计年鉴 2022［M］.
　　　　　北京：中国统计出版社 .

5.1.2　服务业绩情况

2021 年浙江省国家技术转移示范机构促成技术转移情况如图 5.3 所示。

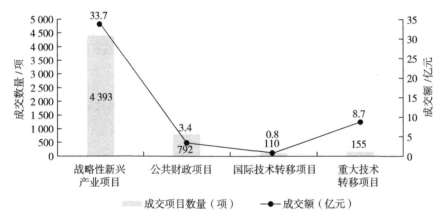

图 5.3　2021 年浙江省国家技术转移示范机构促成技术转移情况

数据来源：科学技术部火炬高技术产业开发中心 . 2022. 中国火炬统计年鉴 2022［M］.
　　　　　北京：中国统计出版社 .

2021 年浙江省 26 家国家技术转移示范机构服务情况如图 5.4 所示，可以看出，浙江省国家技术转移示范机构在一定程度上推动了浙江省技术转移转化的进程，促进了技术创新，推动了经济高质量发展。

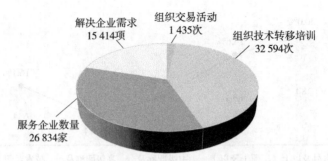

图 5.4　2021 年浙江省国家技术转移示范机构服务情况

数据来源：科学技术部火炬高技术产业开发中心 . 2022. 中国火炬统计年鉴 2022［M］.
北京：中国统计出版社 .

5.1.3　服务考核情况

2018 年科技部火炬高技术产业开发中心对全国各省、自治区、直辖市共 432 家国家技术转移示范机构进行了综合性考核。考核采用科技部制定的国家技术转移示范机构评价体系，考核内容为机构建设的基础条件、服务绩效、服务能力、规范管理和社会信誉 5 个一级指标和 19 个二级指标。通过考核，引导国家技术转移示范机构向专业化、高端化、国际化方向迈进，使国家技术转移示范机构在各地区技术转移转化进程中起到示范带头作用。浙江省 27 家国家技术转移示范机构考核情况整体较好，具体考核结果见表 5.4。

表 5.4　2018 年浙江省国家技术转移示范机构考核结果

项目	优秀（A）	良好（B）	合格（C）	不合格（D）	取消资格
浙江省 / 家	5	12	9	1	0
全国 / 家	45	141	488	52	6
占全省比例 /%	18.5	44.5	33.3	3.7	0
占全国比例 /%	11.1	8.5	1.8	1.9	0

数据来源：科学技术部火炬高技术产业开发中心 . 2019. 中国火炬统计年鉴 2019［M］. 北京：中国统计出版社 .

选取 2018 年国家技术转移示范机构考核表现较好的江苏省与浙江省进行对比分析（表 5.5）。江苏省 45 家国家技术转移示范机构里有 6 家考评结果为优秀，占全国的比例为 13.3%，而浙江省 27 家国家技术转移示范机构中有 5 家考评结果为优秀，占全国的比例为 11.1%，从这一点来看，江苏省要比浙江省更胜一筹。江苏省考核结果为良好和合格的分别是 22 家和 17 家，分别比浙江省多出 10 家和 8

家。江苏省没有不合格和被取消资格的国家技术转移示范机构。可以看出，江苏省在国家技术转移示范机构的数量、整体规模、建设质量和服务绩效上都要优于浙江省。

表 5.5　2018 年江苏省和浙江省国家技术转移示范机构考评结果对比

考评结果	江苏省		浙江省	
	数量 / 家	占全国比例 /%	数量 / 家	占全国比例 /%
优秀（A）	6	13.3	5	11.1
良好（B）	22	15.6	12	8.5
合格（C）	17	3.5	9	1.8
不合格（D）	0	0	1	1.9
取消资格	0	0	0	0
合计	45	10.4	27	6.3

数据来源：科学技术部火炬高技术产业开发中心 . 2019. 中国火炬统计年鉴 2019［M］. 北京：中国统计出版社 .

5.2　浙江省技术转移机构建设政策支持

2016 年 11 月 24 日，科技部公开发布的《科技部关于建设浙江省国家科技成果转移转化示范区的函》（国科函创〔2016〕281 号）同意了《浙江省人民政府关于申报创建国家科技成果转移转化示范区的函》，自此，浙江省国家技术转移示范区正式开始建设，浙江省成为全国唯一的全省域国家科技成果转移转化示范区。文件指出，"建设国家科技成果转移转化示范区，是实施创新驱动发展战略、深化科技体制改革、促进科技成果转化为现实生产力的重要举措。要按照党中央、国务院决策部署，大力培育良好的科技成果转化与创新创业环境，激发创新主体活力，建立健全支撑服务体系，探索具有地方特色的科技成果转化机制和模式，努力把浙江示范区打造成为全国一流的科技成果交易中心和面向全球的技术转移枢纽"。

2017 年 6 月 15 日，浙江省人民政府办公厅发布了《浙江省人民政府办公厅关于印发浙江省建设国家科技成果转移转化示范区实施方案（2017—2020 年）的通知》（浙政办发〔2017〕50 号），实施方案的全面通过标志着"探索具有浙江特色的科技成果转移转化模式"，"加快建设'互联网 +'世界科技创新高地"的方舟全面启航。该实施方案在主要任务中明确指出，要大力培育技术转移机构。鼓励浙江省技术转移机构与国内外知名技术转移机构开展交流合作，在技术交易、咨询评估、科技金融、知识产权等领域培育100家重点技术转移机构，形成一批专业人才集聚、服务能力突出、具有国际影响力的技术转移机构。建设国家科技成果转移转化示范区的函批复以来，浙江省更加明确地指出了技术转移机构的重要性和建设方向。

2019年12月31日，浙江省科学技术厅印发《浙江省技术转移体系建设实施方案》（浙科发成〔2019〕114号）。该实施方案明确指出，要培育专业化规范化技术转移机构；支持龙头企业依托产业优势，建设技术转移机构，打通产业链上下游技术转移链条；鼓励和支持高校院所依托自身优势，深耕专业领域，发展专业化技术转移机构，加快转移本单位和各专业领域的科技成果；鼓励和支持风投机构和国家技术转移示范机构面向浙江省需求转移高科技技术；建立健全对技术转移机构准入、退出、管理、服务和评价的机制，把技术转移主营业务收入作为评价的主要指标，定期向社会公布入场技术转移机构的绩效和信用情况。各级科协要积极推进各类学会、协会发挥技术转移功能。这是浙江省首次提出专业化技术转移机构在科技成果产业化中的重要作用，明确了专业化技术转移机构建设的必要性和重要性。

2022年8月26日，浙江省科学技术厅等六部门印发《浙江省扩大赋予科研人员职务科技成果所有权或长期使用权试点范围实施方案》（浙科发成〔2022〕29号）。该实施方案的主要目标是，在前期部分单位试点的基础上，逐步将赋权改革试点范围扩大至全省域，探索建立赋予科研人员职务科技成果所有权或长期使用权的机制和模式，形成可复制、可推广的经验和做法，推动完善相关法律法规和政策措施，进一步激发科研人员创新积极性，促进科技成果转移转化。在科技成果转化中，将更多的权利赋予科研人员，是构建科技成果转化参与主体激励机制和合作机制的重要手段，为技术转移机构建设创新模式和市场化路径提供了更为广泛的选择。

2023年12月5日，浙江省人民政府公开发布《浙江省人民政府办公厅关于加快构建市场导向的科技成果转化机制的意见》（浙政办发〔2023〕64号），主要目标为：到2027年，省市县三级联动、省级部门协同的科技成果管理服务机制更加健全，以"浙江拍"为标志的科技成果转化机制改革持续走在前列，以中国浙江网上技术市场为代表的浙江科技大市场成为全国技术交易市场的品牌高地。该文件的发布标志着要求科技成果转化的方向要更加偏向于市场化，科技成果转化的目的是产业化，以科技成果转化推动创新发展，以创新发展促进产业高质量发展，最终实现科技成果转化的创新链和产业链融合发展。该文件明确了技术转移体制机制的发展方向，也明确了技术转移机构的市场化导向。

5.3　浙江省技术转移机构建设存在的问题

5.3.1　整体规模有待提升

以国家技术转移示范机构为例，2021 年，浙江省国家技术转移示范机构为26 家，在全国位列第五名，远低于北京市的 51 家、江苏省的 45 家、广东省的 34 家。浙江省技术转移机构规模较小的重要原因是以高校院所为主体的技术转移机构较少，在这 26 家国家技术转移示范机构中，依托高校成立的国家技术转移示范机构仅有 3 家，远低于省内其他机构类型所占比例。而江苏省 45 家国家技术转移示范机构中，依托高校建立的机构有 28 家，占比为 62%，不仅高于浙江省示范机构总数，更远远高于浙江省依托高校建立的国家技术转移示范机构数量。这表明，浙江省高校在科技成果转移转化和对接方面还有待进一步加强，需要切实有效地发掘企业需求，并进行科学合理地匹配；浙江省缺乏高校与企业间科技成果转化的国家技术转移示范机构。

5.3.2　技术转移机构特色化不足

目前，浙江省大部分技术转移机构开展技术转移工作的范畴基本一致。以高校院所的技术转移机构为例，浙江大学建设有两个国家技术转移示范机构，分别是浙江大学技术转移中心和浙江大学宁波技术转移中心，两个机构的作用均是为浙江大学提供科技成果转移转化服务，存在很强的同质性。中国科学院湖州应用技术研究与产业化中心、中国科学院嘉兴应用技术研究与转化中心和中国科学院台州应用技术研发与产业化中心均是与中国科学院合作建立的国家技术转移示范中心，但是三个机构的建设方向和服务内容大致相同。除了少部分高校、科研院所以本单位产生的科技成果为转化标的形成特色化领域，其他机构多为综合性服务机构，服务内容大致相同，区别度不高，针对地区产业发展需求的特色化技术转移机构仍然较少，从区域整体来讲，存在机构重复建设的问题。

5.3.3 高水平技术转移机构数量较少

目前，浙江省技术转移机构体系雏形已经形成，但国际高水平技术转移机构布局仍然较少。国际高水平技术转移机构有斯坦福大学技术许可办公室、魏茨曼科学研究院的技术转移公司耶达研发有限公司、德国史太白技术转移中心、牛津大学 ISIS 创新公司、麻省理工学院技术许可办公室、德国弗朗霍夫应用研究促进协会等。以国际著名的史太白技术转移中心（下文简称"史太白"）为例，2012年，其与昆山工业技术研究院签约合作，依托昆山创新体系，探索史太白模式中国版，成立了昆山史太白技术转移中心，之后相继在上海、青岛设立了合作中心。但是目前浙江省与史太白合作的层次仍然较低，合作深度不够，政府层面的合作也并不是专门针对技术转移。2016年，为加强与国家技术转移示范机构的合作交流，浙江科技大市场先后与全球大型技术转移机构史太白、全球商务和智能信息提供商美国汤森路透公司等洽谈合作，这是浙江省在政府层面的合作洽谈，最终进入深层次合作的项目并不多。不论是从国家技术转移示范机构建设层面，还是从省级和市级技术转移机构层面，以及从各地级市企业层面，浙江省均未与国际高水平技术转移机构建立有效合作关系。截至目前，浙江省尚未建立国家技术转移中心。

5.3.4 技术转移机构建设区域不平衡

技术转移机构建设与区域创新生态息息相关。浙江省各个城市创新生态差距比较大，拥有的技术研发机构数量、产生的科技成果数量差距也较大。截至2023年12月，杭州全市签订的技术合同总数超过 3.8 万项，较 2022 年同期增长47.6%；技术交易总额达到 1 558 亿元，较 2022 年同期增长 46.8%，其中技术合同吸纳金额增长 230 亿元，预计保持在全国第五位；超过 2 100 件发明专利实现产业化，科技成果转化指数达到 994.17，居浙江首位。而丽水市技术合同成交额仅有 37.8 亿元，可见创新发达地区与后进地区的技术交易活跃度相差较大。浙江省创新后进城市由于创新资源存在差距，对高水平的国际、国内技术转移机构吸引力不够，本地相关主体培育自身高水平技术转移机构的能力和积极性不足。

浙江省 26 家国家技术转移示范机构中，有 11 家分布在杭州市，6 家分布在宁波市，两个城市的示范机构占据了全省总量的 65.4%；湖州分布有 3 家，金华等 6 个城市仅分布有 1 家，且衢州、舟山、丽水三个地级市尚未建立国家技术转移示范机构。江苏省 45 家国家技术转移示范机构则较均匀地分布于各地级市，其中，南京分布有 18 家，苏州 9 家，无锡、徐州、常州等分布 2～4 家不等。衢州、舟山、丽水三个地级市的总体科研水平较为薄弱，加上国家技术转移示范机构建设的空白，导致这些地区难以将科技成果顺利转化为企业实际技术需求。浙江省国家技术转移示范机构的不均衡分布会影响《浙江省技术转移体系建设实施方案》的推进，影响技术转移体系建设的整体布局，在很大程度上不能满足部分地区的支柱产业和特色产业等依靠科技成果转移转化实现产业转型升级的需求。

5.3.5　服务能力有待加强

从服务业绩可以看出，浙江省国家技术转移项目和重大技术转移项目的服务能力相对较为薄弱，尤其是与江苏省相比，在组织交易活动次数、组织技术转移培训次数、服务企业数量及解决企业需求方面明显低于江苏省。从考核结果可以看出，浙江省良好考评结果示范机构数量较少，占全国的比例仅为江苏省的约 1/2。浙江省国家技术转移示范机构中人才缺乏是服务能力薄弱的重要原因之一，尤其是缺乏复合型人才和专业型人才。人才的缺乏会极大影响众多创新主体在技术转移转化中对接需求。

5.4　浙江省技术转移机构发展制约因素

5.4.1　政策落实不到位

与发达国家相比，我国技术转移机构建设还处于起步阶段，技术转移体制机制还不够完善，技术转移法律法规仍然不健全。近年来，随着我国经济的高质量发展和科技成果转化的需求增加，科技部、教育部、工业和信息化部等众多部门不断出台相关政策。例如，2020 年 5 月 13 日，科技部、教育部印发《关于进一步推进高等学校专业化技术转移机构建设发展的实施意见》。浙江省作为首个国家技术转移示范区，一直以来以中央战略为指引，全面贯彻"八八战略"，先后出台了《浙江省科学技术进步条例》《浙江省促进科技成果转化条例》《浙江省人民政府办公厅关于加快构建市场导向的科技成果转化机制的意见》（浙政办发〔2023〕64 号）等法规、文件。2024 年 4 月 18 日，浙江省科技厅发布了《浙江省技术转移转化中心建设管理办法（征求意见稿）》。可以看出，浙江省不断从政策上支持科技成果转化机制体制建设，但是单独针对技术转移机构建设的方案或办法较少，大多是在成果转化相关政策的主要任务中提及技术中介服务机构或技术转移机构建设的方向。

与全国其他省份相比，浙江省关于技术转移、成果转化的政策数量和质量均位于全国前列，但是落实到地级市及下级单位的时候，仍然困难重重，难以起到省级政策预期的效果。以丽水市科技局为例，由丽水市科技局官方网站可以看出，科技局的主要职责是与科技成果转化有关事项的管理和公示，具体落实省科技厅政策精神的文件很少，关于建设市级技术转移机构的文件则更少。在浙江省 11 个地级市中，除了省会杭州和计划单列市宁波外，其他地级市或多或少都存在政策落地效果不佳、技术转移环境建设不够完善等问题。

5.4.2　管理体制和运行机制不尽合理

目前浙江省多数技术转移机构或者是从政府部门分离出来，或者作为政府部门的下属机构，实行事业单位运作模式，其政府投资比重过大，缺乏独立性。从浙江省国家技术转移示范机构的建设可以看出，在 26 个国家技术转移示范机构中，除去高校院所所属的技术转移机构，其他类型的政府所属机构就有 9 家。此类技术转移机构在履行自身职能时受到政府部门的制约，且往往过度依赖政府补贴和享受优惠政策，缺乏追求经济效益的动能。没有明确的市场定位、竞争意识和服务意识薄弱的技术转移机构，缺少对自身组织性质、主体业务、发展规划等问题的系统研究和思考，内部也无有效的竞争和约束机制，必然导致开拓市场和增强自身能力的动因不足，影响了技术转移机构提供创新服务的灵活性和积极性。

5.4.3　专业技术人才短缺

技术转移机构属于专业性和创新性强的知识密集型行业，行业的特殊性决定了技术转移机构对高素质从业人员的需求，相关人员不仅要具有技术背景，还应掌握经济、法律、管理等多学科知识。而根据浙江省第四次经济普查数据，全省取得科技部颁发的"技术经纪人"资格证书的人员占全部从业人员的比重不足 1%。目前浙江省的技术转移机构中，硕士及以上学历者仅占 5%，普遍面临专业科技人才短缺问题。西方发达国家的经验表明，高素质的专业人才是技术转移机构最重要的资产，也是技术转移机构进行服务创新的关键要素。例如，英国技术集团科技中介服务公司拥有员工 180 多名，其中 80% 是科学家、工程师、专利代理师、律师或者会计师。此外，由于对科技中介服务重要性认识的偏差和相关配套政策因素，高层次人才往往不愿进入这一行业，加剧了技术转移机构人才的匮乏。

5.4.4　技术转移服务不能有效满足市场需求

理论研究和应用研究的分离进一步增强了社会对技术转移机构服务创新的需求。在区域创新系统中，创新主体活跃的创新活动形成对技术转移机构服务的有效需求，而技术转移机构提供满足需要的创新服务产品才能真正促进技术创新活动。对浙江省科技成果转化存在问题的市场调查表明，制约高校和科研院所科技成果转化的最大问题是科技成果脱离市场，表明技术转移机构作为技术供需双方的桥梁和纽带作用没有充分发挥。2022 年，浙江网上技术市场汇聚科技成果 14 000 多项、企业需求 2 500 余项，入驻机构 260 余家，累计注册用户 9 000 余个，累计访问量近 90 万次 ❶。2009—2015 年，浙江网上技术市场技术成果交易呈下降趋势。近年来，浙江网上技术市场技术成果交易上升趋势仍存在不明显的问题，其发布的技术难题数和技术成果数两项代表性数据表明，产业技术需求与技术供给不平衡。浙江省技术转移机构的服务能力、服务质量、专业化程度亟待加强。

---

❶ 社会科技和文化产业统计司，科学技术部战略规划司.中国科技统计年鉴 2023［M］.北京：中国统计出版社.

第6章 国内外技术转移机构创新发展研究

6.1 主要发达国家技术转移机构创新模式

6.1.1 美国技术转移机构创新模式

美国是世界上最大的科技创新中心，也是世界上最重视科技成果转移与转化的国家。尤其是1980年《拜杜法案》的颁布，推动了美国科学技术成果转移的进程，使其在技术转移方面走在了世界前列。美国高校与研究院所在技术转移系统中形成了自己独特的模式，成为国家科技成果转化系统中不可或缺的一环。美国技术转移机构的经营方式一直处于全球领先地位，其典型技术转移机构运行模式包括四种：一是以大学为运行主体的技术转移机构，二是以国家实验室为运行主体的技术转移机构，三是政府设立的美国国家技术转移中心，四是市场主体运行的开放式技术交易平台。

1. 以大学为运行主体的技术转移机构——高校技术转移模式

为推动科技成果转移转化，美国的大学内部出现了两种截然不同的技术转移模式：技术许可办公室（OTL）与概念证明中心（PoCCs）。

（1）技术许可办公室（OTL）

受《拜杜法案》的影响，美国以科研为基础的大学自1970年起就设立了技术许可办公室。斯坦福大学在1970年率先设立了技术许可办公室，成为美国最早成立该机构的大学。技术许可办公室的员工都是熟悉国家相关法律法规、具备行业经验、掌握谈判技巧的专家。其职能包括：专利及著作权的授权，知识产权的保护与管理，公众服务，开办新公司。技术许可办公室是高校科技成果转移转化中的一个重要角色，可以起到技术转移"牧羊人"的作用。

技术许可办公室的科技成果转移转化流程主要包括：①公开科技发明。由学校的研究人员将《发明及技术申报表格》递交给科技授权处，由科技授权处指派特定人员进行某项技术转让工作。②进行项目评价。由技术许可办公室的专家负责评价项目的使用情况、竞争优势、创新点、市场潜力等。③提交专利申请。结合文献资料、市场资料、专利资料等，筛选出满足要求的技术，申请技术专利。④锁定目标用户。技术许可方根据预先获得的资料和知识，锁定用户群，并就该技术与有关公司签署信息披露协议。⑤授权人员与企业谈判。⑥签订技术转移合同。技术转让成功以后，授权人员还负责监督企业技术转化执行情况、跟踪产品市场化的进程、提供相关技术咨询服务、收取技术许可收入等。

（2）概念证明中心（PoCCs）

概念证明中心是一个在高校内运作的组织，它通过提供种子基金、企业咨询和创业教育等推动科技成果转移转化。加利福尼亚大学（下文简称"加州大学"）于 2001 年在圣地亚哥分校成立了概念证明中心——冯·李比希创业中心，这也是第一个提出概念论证的中心。在随后的几年里，美国各大高校纷纷效仿加州大学，成立概念证明中心，以提高科技成果转移转化的效率。十年间，超过 30 家概念证明中心在美国各所大学中成立。2011 年后，概念证明中心的地位日益凸显，对美国高校科研成果的转化起到了积极的促进作用。2011 年，奥巴马将其视为美国最有发展前景的基础建设项目。美国商务部于 2013 年发布了一份《创新创业型大学：聚焦高等教育创新和创业》（*Innovative and Entrepreneurial University*：*Higher Education*，*Innovation & Entrepreneurship in Focus*）的报告，其中以概念证明中心为代表的高校科技成果转移增长最为迅速。

为了使已经申请的专利尽早落地，概念证明中心提供了一套与技术许可办公室合作的模式，该模式可以在很大程度上弥补技术许可办公室科技成果转化工作的不足。概念证明中心搭建了一座桥梁，将有前景的科技从实验室推向市场，并作为科技成果转移转化的中间站。概念证明中心的经费来源有五种：联邦政府资助、高校知识产权商品化所得、民间基金会捐赠、州政府拨款及私人捐赠。概念证明中心的职能包括：对创新性研究计划进行种子资金支持；协助科技工作者进行技术转让，包括对科技成果进行商业评价，吸引外来资金，提供孵化场地；参加学校内的企业家教育活动等。美国高校科技产业化进程中，由于资金与资源、人才、信息不对称、激励机制等问题，概念证明中心在高校科技产业化进程中扮演着举足轻重的角色。

2. 以国家实验室为运行主体的技术转移机构——国家实验室技术转移模式

美国国家实验室在美国属于重要的科研组织，其科学研究在美国处于全国领先地位。二战之后，美国国家实验室体系正式建立。其是涵盖了军事、物理、能源、生物等基础与尖端领域的科研机构。目前，美国国家实验室按管理方式可划分为两种类型：一种是政府治理、政府运营。这类国家实验室所有权属于政府，且政府负责运营，实验室的员工均为公务人员。美国国立卫生研究院便是此类机构的典型代表之一。另一种是政府治理、合同运营。此类国家实验室所有权属于国家。经营的主体是高校或第三方运营机构，实验室的员工均为非公务人员。林肯实验室便是此类机构的典型代表之一。美国的国家实验室进行科技成果转移转化的方式有以下三种。

（1）下设技术转移机构

目前，美国并没有成立单独的科技行政机关负责管理技术转移等相关事务，而是由各个职能部门设立科技成果转移转化组织，负责对下属的国家实验室进行技术转让工作的支持和管理。商务部负责科技成果转移转化的整体工作，收集、整理相关的资料，并定期向美国国会和美国总统提交有关科技成果转移转化的特别报告。罗伯特·C·波德国家技术转移中心于1989年成立，通过提供全方位技术转移服务促进美国科技成果产业化。

（2）成立技术转移联盟

美国国家实验室技术转移联盟（FLC）是一家由多个联邦实验室、机构和研究中心联合组建的科技成果转移转化机构，其宗旨是提升国家实验室技术转移并实现产业化的速度。技术转移联盟的主要功能包括四个方面：①对联盟成员进行培训；②对实验室的技术转让计划项目进行奖励；③培育良好的技术转让环境；④促进技术供求双方的协作。2015年度报告显示，技术转移联盟已与超过343家联邦实验室建立合作，并与美国农业部、能源部、商务部等多个联邦机构建立了合作关系，共进行了18 000次的咨询，1 000余人次因科技成果转移转化业绩突出而获得了技术转移联盟的奖励。

（3）设立研究和技术应用办公室

美国国家实验室设立了科技成果转移转化办公室，以便利科技成果的转移转化。美国分别在1980年和1986年颁布《史蒂文森·威德勒技术创新法》和《联邦技术转移法》两部有关技术转移的法律，均明确指出美国国家实验室内部要成立科技成果转移转化办公室。其主要职责包括：对实验室的科研项目进行评价；推动国家实验室科研计划向产业化方向发展；建立国家实验室研发资源和行业需求信息对接的平台，承担技术转移、信息宣传及相关的服务工作。

3. 美国国家技术转移中心——技术转移联盟模式

美国国家技术转移中心的资金来源主要是美国宇航局下属的能源部和联邦小企业管理局。经过几年的发展，科技成果转化网络已经形成，网络以联邦实验室、高校、科研院所、企业、专家网络和六个区域科技成果转移转化中心为运行主体。

该中心的业务范围包括：技术和市场分析，技术信息和知识管理，以及对技术转让对象进行培训。美国国家技术转移中心的首要工作是通过自身的网络及六个区域科技成果转移转化中心建立起来的信息网，把联邦政府支持的联邦实验室、大学等科研机构的研究结果传播到全国各地的公司。该机构也充分发挥自身的作用，为企业提供必要的技术支持。

在技术提供者方面，美国国家技术转移中心从联邦实验室和高校等科研院所获得相关的技术资料，并将这些资料分享给下属的六个区域科技成果转移转化中心，利用自身和下属的六个区域科技成果转移转化中心信息网络，在国内搜寻企业，推荐符合条件的实验室，促进双方的交流，并进一步达成合作意向。同时，美国国家技术转移中心派出相关专业人员进行技术评审，保证技术需求方和供给方在美国国家技术转移中心相关规定范围内进行公正的合作。

在技术需求者方面，企业向美国国家技术转移中心发送需要的技术，美国国家技术转移中心通过自身的信息网帮助找到适合的大学、研究机构及技术。美国国家技术转移中心为大学、实验室和企业搭建了一座桥梁，为他们提供了双向或多个方向的技术信息服务，这也是美国国家技术转移中心在国内取得成功的关键所在。

4. 市场主体运行的技术交易平台——开放式公共服务平台模式

（1）Yet2.com

1999 年，十多家知名企业共同出资成立了 Yet2.com（下文简称"Yet2"），该公司在进行技术交易时最早引入了互联网技术，现在 Yet2 已经发展成为全世界最大的网络技术交易平台。

Yet2 在全球共设有 5 个分部，拥有超过 14 万用户，提供业务介绍服务超10 000 次，也吸引了大量的投资基金。该平台主要提供五种服务：一是开放式创新咨询服务，将创业企业及最新技术的相关信息传递给客户，使客户了解各行业专家的第一手信息；二是有针对性的技术侦察服务，Yet2 对市场进行预判，识别创新技术，并在短期内帮助客户达成技术合作；三是开放式创新模式管理服务，也就是为技术供需双方提供一个发布自己的成果或者需求的平台；四是技术营销和业务发展服务，通过在线技术发布和推广，帮助技术卖家进行技术营销和业务发展；五是专利交易服务，协助客户建立专利收购计划，包括确定目标专利、监控市场活动、过滤专利信息及就直接购买专利提供建议。

Yet2 和其他技术交易平台不同之处在于，其服务走在用户的需求前面。Yet2针对平台高级会员所在的领域，结合市场趋势分析搜集情报和信息，整理后每月为会员提供报告，并且每年会预先筛选项目，在月度会议上为会员介绍与他们的业务最匹配的公司和技术。同时，Yet2 会调查一个地区内最具创新性和相关性的技术，建立跨行业的机会数据库，以针对客户的急切需求在短期内为他们找到匹配的解决方案，并在方案交给客户之前，由平台专家审查是否能够满足客户的需求，为客户节约了大量时间。

随着信息网络技术在 Yet2 得到更深层次的应用，信息获取与传递更加高效。这种商业模式可以为需求者提供专业技术交易服务，可以依靠自身先驱的优势快速地在市场中占据有利地位。企业能够通过 Yet2 这样的技术交易平台进行外部合作，获取企业所需要的新技术、新的市场机会等，获得更广泛的知识及创新性的想法，改进创新成果，提高生产运作效率，增强竞争能力。

（2）InnoCentive 公司

InnoCentive 公司（下文简称"InnoCentive"）于 2000 年在美国成立，是世界上首个致力于将技术难题与解决者连接起来的科技成果转化组织。InnoCentive 的五大运行机制是对技术难题进行分类，签订技术解决协议，建立创新平台管理体系，与解决者建立合作，知识产权保护。其以五大运行机制为依托，采用技术难题外包模式，实现技术问题提出者和解决者之间的有效沟通，让公司和组织通过获得包括客户、合作伙伴、世界最大的问题处理市场等在内的多样化资源，解决他们的核心问题。

InnoCentive 也是世界上首个基于奖励机制推动全球科技研究的电商企业，其核心思想是通过"网上悬赏"的方式寻找科学问题，并以"在线智库"的方式为企业寻找解决问题的方法。国际知名企业（问题提出者）可在该平台上提交自己想要解决的问题，来自全世界的科学家（问题解决者）可以通过网络回答问题、提供解决方案并有机会赢取奖金。InnoCentive 是一座连接供需双方的桥梁，其专业的技术小组还会为科学家们解答各种疑问，并且向提出问题的企业提交相应的解决方案。

InnoCentive 突破了传统的单目标激励机制，提出了一种适合科学众包特性的激励机制，使得各个参与方可以更好地协同工作，激发参与者的工作热情，从而实现对技术问题的高效、快速求解。如今，InnoCentive 已经形成一张汇聚了上百万研究人员的全球互联网，既发挥了社会研究的优势，又为企业规避了相当大的自主研发风险。

5. 美国技术转移的国家政策支持

自 20 世纪 80 年代起，美国相继出台了一系列与科技成果转移转化相关的法律法规。其中最有代表性的一部是 1980 年《专利和商标法修正案》，又名《大学与小型企业专利诉讼法》，也被称为《拜杜法案》。《拜杜法案》的核心思想是，规定主要由政府出资的发明创造，其知识产权属于发明人所属的研究机构，并鼓励非营利性组织与企业开展协作，对其进行转化，从而促进美国的创新技术推广。

《拜杜法案》是美国一系列法律变革的出发点，但单靠此法案还远远不能推动科技成果转移转化，要保证技术转让的顺利进行，必须有相应的配套措施与法规予以支持，因此美国政府相继出台了相关政策，并对其进行了多次修改。在 1980 年《史蒂文森·威德勒技术创新法》中，美国政府制定了一项重要的政策，即鼓励产学合作，并将国家的实验技术移交给公民。为了鼓励中小型企业进行技术革新，将其技术能力用于解决联邦政府的研究开发课题和市场需求，以及加强社会各阶层在科研成果商业化进程中的作用，美国政府于 1982 年颁布了《中小企业技术创新进步法》，1984 年通过了《国家合作研究法》。《国家合作研究法》允许超过两个企业在研发计划之外进行合作，从而促进行业间的合作，这将打破《反托拉斯法》的约束。1984 年《商标明确法案》和 1986 年《联邦技术转移法》相继完善了《拜杜法案》和《技术创新法案》。1989 年《国家竞争力技术转移法案》的出台，旨在促进科研机构和企业之间的协作，促进科技成果走向产业界。1996 年颁布的《国家技术转移与升级法》是对《史蒂文森·威德勒技术创新法》和《联邦技术转移法》的进一步完善，主要是为了确保加入联合开发协议的企业能够得到足够的知识产权，确保企业在专利授权方面有最大的优先权，从而提高了科研团队和发明人的积极性，并且将对发明工作者的奖励范围进一步扩大。美国 2000 年和 2013 年又相继出台了《技术转移商业法案》和《创新法案》两部法案，为美国的技术转移和科技成果转化提供了完善的法律保护体系。

6.1.2 德国技术转移机构创新模式

德国是欧洲科技第一大国，也是最具创造力的国家之一，其科学技术水平在全球名列前茅。在德国所有的研究成果中，主要的贡献来自企业，占比超过了60%，20%的成果来自大学，剩余不足20%的科研成果来自科研机构。高校和研究院所在进行技术创新的同时也进行技术转让与推广，从而产生了不同的技术转移模式。德国目前有三种较为典型的技术转移机构形式：一是以大学为运行主体的技术转移机构，二是以联合会形式的科研机构为运行主体的技术转移机构，三是市场化主体运行的技术转移机构。

1. 以大学为运行主体的技术转移机构

德国高校作为技术转移的创新主体，在推动全国技术转移转化方面起着举足轻重的作用。德国的大部分高校均成立了相应的科技成果转移部门，用于将高校的科技成果转移至企业。例如，柏林工业大学成立了科技转移部门，负责高校的专利申请、项目评估、市场预测、科技成果推广、开展国际科技合作和交流。学校建设有科技成果转移转化数据库，企业可以通过数据库寻求需求的项目，并直接与负责项目的科研人员对接。很多大公司都在高校建立了自己的研究机构，发挥高校的科学和技术优势，把高校的研究成果推向市场，为企业的生产服务。在德国，高校和公司开展研究协作是很常见的。德国高校以促进科技成果转移为目标，积极开展产学研合作，政府在特定条件下会加入产学研组织，以高校和企业为主体在高校成立联合研发机构。校企合作的研究开发实现了基础研究与应用的有机融合，以科学研究促进教学和生产，促进了高校科技成果的产业化。

德国立法规定发明人有权使用其科研成果并提出专利申请，但在实际操作过程中，部分发明人及科研单位对此不感兴趣，造成了科研成果的闲置与浪费。鉴于此，德国对有关技术转让的法规进行了修订，明确了发明人在工作过程中产生的技术成果的所有权。科研单位可以对其进行自主处理，在完成技术转让之后，发明人及其所在的单位会获得相应的收益，其中发明人可以获得30%的收益。从某种意义上来说，技术转让法规的修订促进了德国科技成果向产业化方向发展。

2. 以联合会形式的科研机构为运行主体的技术转移机构

德国有着众多的研究机构，包括马普学会、亥姆霍茨国家研究中心联合会、莱布尼茨科学联合会、弗朗霍夫应用研究促进协会等。研究机构除了开展科技创新外，还承担着技术转让和推广的任务。在这些机构中，以弗朗霍夫应用研究促进协会的科技成果转移转化模式最为典型。弗朗霍夫应用研究促进协会是欧洲最大的应用科学研究组织，在世界范围内设有 67 个研究所，并以其为中心，致力于应用研究领域的科技发展与成果转化。经过几年的实践，"弗朗霍夫模式"已经发展成为著名的科技成果转移转化模式。

弗朗霍夫应用研究促进协会的组织结构包括会员代表大会、理事会、执行委员会、学术委员会和高级管理层会议。协会下设的会员代表大会是协会的最高权力机构。理事会由会员代表大会选举产生，常务委员会负责日常工作，学术委员会作为研究会的内部咨询组织，高级管理层会议是协会的协调组织。协会的基本机构是下属的研究所，所长由知名大学教授担任，研究所整体运行实行所长负责制，独立工作和核算。

弗朗霍夫应用研究促进协会的技术转让操作流程为：首先，多渠道筹集资金。经费按来源可划分为竞争性与非竞争性两种。竞争性经费主要来源于项目投标和社会各界的投资等，用来直接进行市场研究；非竞争性经费是指来自德国的中央政府、地方政府及欧盟的资助，这些费用将被用来资助一些具有前瞻性的科研项目。其次，协会的研究所采取"合同科研"的方式开展协作研究。企业向研究所提出技术改进和产品开发等要求，并向研究所缴纳一定的费用，完成后及时移交给客户。实行"合同科研"，可以实现协会和企业的双赢。再次，构建考核评价体系，对协会及其下属机构的工作进行年度评估。对研究所的全面评估是 5 年一次。执行委员会负责对重大工程和项目进行评价，投资在 1 000 万欧元以上的特大工程则需要研究会与公共部门共同决定组织。最后，实行"专利战略"。弗朗霍夫应用研究促进协会不仅通过授予专利许可获得利益，而且通过发展其专利赚取利润。协会通过建立弗朗霍夫基金、构建新型"专利集群"等措施推进专利战略的实施。

3. 市场化主体运行的技术转移机构

1868 年，德国史太白基金会成立，后发展为全球规模最大的技术转移机构。史太白自创建以来，每年可以完成至少 5 000 项科技成果转移项目，其中以德国的主导工业如汽车、机械制造、航空航天、能源、环保等为重点。史太白最初的业务范围只在德国的西南部，后来拓展到了整个欧洲，乃至美国和巴西等地，业务涉及技术转移研发、咨询、培训、转让等各个方面，现已构成一张在世界上有较大影响力的科技与知识转移网络。史太白下设多个组织机构，主要包括经济促进基金会、技术转移有限公司、技术转移中心、顾问中心、研究所等一众单位。其中，史太白经济促进基金会是整个机构的核心，其他机构均有独立运营和核算的权力。德国史太白建立之初，历经通货膨胀时期的解体与重建，并在国家政策的推动下，逐渐发展出一种以市场为导向的成熟的商业运作方式。

在史太白技术转移服务网络中，下设的每一个机构都是以市场为导向独立经营的公司，每家公司均拥有独立决策权，都能与接受委托的公司直接接触，在满足客户需要的情况下具有很大的弹性。机构紧紧围绕客户的需要，在技术创新的整个过程和各个阶段为客户提供全面、有效、灵活的技术转让服务。其下设各机构以"应用研究成果，拓展交流网络，提供可信的专家意见，提出解决方案，严守客户隐私，放宽各部门的管理权限，为公共服务寻求商业途径"为原则，为政府、学界和产业界提供了一个沟通的平台。公司拥有雄厚的技术队伍及遍布海内外的众多分支机构，除了深入的技术咨询、研发、人才培养和国际技术转让等业务之外，还有企业经营业务。

4. 德国技术转移的国家政策支持

为保持创新国家地位，德国政府积极支持科技创新相关制度机制建设，在技术转移方面比较有代表性的措施包括促进科技研究跨界与产学研融合及专利与知识产权保护两个方面。

在科技研究跨界与产学研融合方面，德国政府推行集群策略并鼓励人员跨界流动。集群策略旨在促进科学与工业之间的交流，通过举办"工业与研究之间的交流"竞赛，找出工业和研究之间合作特别成功的案例，以促进推广相关理念。德国联邦政府推行 PRO INNO II 计划，该计划旨在促进研究人员的流动，为相关人员在研究部门、工业企业和政府机构之间的临时交流扫清障碍。

德国十分重视对知识产权的保护。在战略层面，德国政府通过出台一系列法律建立了知识产权法律保护体系，并且对较早颁布的知识产权保护方面的法律法规进行了修订。德国 2017 年后重新修订的法律包括《商标和其他标志保护法》(《商标法》)、《著作权法》《专利法》《外观设计法》《专利律师规章》和《反不正当竞争法》。德国历年发布的《高科技战略》均强调知识产权保护的作用，认为创新企业能够从更有效且更具成本效益的知识产权保护中迅速获利。

6.1.3　日本技术转移机构创新模式

日本在二战后经济和科技发展成绩斐然，其之所以能够取得很大的成就，除了有利的环境，体制上的因素也不可忽视。日本积极推进科技成果转移转化工作，这是促进其整体发展的一个重要突破口。

1. 半官方技术转移机构

为推动技术转移的发展，日本政府成立了多个半官方机构，这些机构是日本政府直属的组织，由政府直接管理，并具有一定的独立性。日本与科技成果转化相关的典型半官方机构有三个。第一个是日本最大的新能源产业技术发展机构，其主要职责是促进新能源技术（包括产业技术、新能源技术、节能技术、环保技术）的研发和新能源与节能技术的推广。第二个是日本产业技术振兴协会。该协会具备五项重要职能，其中，科技转移的主要职责是将产业技术综合研究所与新能源产业技术开发机构的科研成果转移给企业，并开展一些委托研究，如技术市场调研。第三个是中小企业事业团，隶属于中小企业厅，其主要职责是提供风险事业融资担保，帮助中小企业通过技术转移、合作研发等方式发展高新技术。日本文部科学省下设的科学技术振兴机构是一个独立行政法人机构，其具体负责的工作中，新技术的产业化开发和促进科学技术信息的流通都与技术转移直接相关。独立行政法人日本学术振兴会是另一个重要的推动技术转移的机构，其职责主要通过实施大学与产业界的研究合作计划实现。

2. 以大学和研究机构为依托主体的技术转移机构

日本许多知名大学、科研院所均设立了技术转移机构，按照经营方式不同可分为三类，即技术许可办公室、高校产学研合作处和技术许可办公室整合处。每所大学根据各自性质、科研水平及科技成果转化需求等情况设立不同形态的技术许可办公室。例如，隶属于东京大学的技术许可办公室和隶属于日本大学的产学研合作处，专门的技术许可办公室有新产业创造研究机构、生产技术研究奖励会等，国立技术研究机构下设的技术许可办公室有产业技术综合研究所知识财产部门、物质材料研究机构企划部协作推进室、理化学研究所社会知识创造事业协作推进部等。

不同类型的技术许可办公室的运行模式之间存在着一些差异，但是作为技术转移机构，它们运行的主要流程相同。技术许可办公室的技术转移运行模式主要分为三个阶段：科技成果的挖掘与评估、科技成果专利化后的转移、技术转移收益的返还。

3. 依托社团组织的技术转移机构

日本还成立了以技术转让为目的的民间社团组织，如普通社团法人大学技术转移协会、社团法人发明创造学会等。大学技术转移协会的主要会员由 38 所高校及 29 个技术推广机构组成，目的在于加强高校、技术人员及个人与机构之间的合作，从而推动日本的学术发展、科技进步及工业发展。社团法人发明创造学会在日本 47 个地区设有办事处，并与 11 000 名会员合作，以促进创造、创新和创意并将其付诸实践，传播和发展工业产权制度，从而推动科技和经济发展。其他一些重要的技术转移组织还有日本工程师联盟等。值得注意的是，日本还建立了众多国际技术转移组织，其中最重要的有日本国际协力机构，此外还有 500 多个开展技术转移活动的组织，服务于日本对发展中国家的技术援助。

4. 日本技术转移的国家政策支持

1998 年，日本颁布《关于促进大学等的技术研究成果向民间事业者转让的法律》，随后日本政府陆续颁布、修改了技术转移方面的法律法规。日本技术许可办公室从相关政策中得到了大力支持。日本一系列技术转移国家支持政策或举措有两个特点：一是支持范围广，资助经费的 2/3 用于对技术成果的收集、评估与调查，信息加工、收集和传播，技术转让、技术指导的专家费、债务担保等；二是政策日趋完善。例如，由独立行政法人中小企业基础筹备处提供的资金，是支持技术许可办公室各项工作的一项重要资金来源，按照法律法规，它不能用于专利代理人的开支，而其所需资金的 90% 为专利代理费，极大地制约了它的作用的发挥。因此，日本政府于 1999 年制定并执行《产业活力再生特别措施法》，给予技术许可办公室三年的专利费及专利代理费用减免，之后又颁布并执行《强化产业技术能力法》，对大学技术许可办公室的发展提供进一步支持。

日本的这些早期政策在技术许可办公室最初的发展中发挥了关键作用。随着技术转移工作的推进，日本对技术许可办公室的政策支持近年来逐步深入知识产权等方面，特别是 2022 年发布的《2022 年知识产权推进计划要点》，提出了技术许可办公室集约化等。

6.1.4　国外技术转移机构的创新业务模式

技术转移机构的业务模式对机构本身的可持续发展至关重要，技术转移机构只有能够为技术交易双方提供满意的服务才能生存。本书对国外技术转移机构开展了相关案例研究，总结了两大成功的技术转移机构的业务模式。

1. 全价值链的业务模式

完善技术转移机制有不同的切入点，价值链是视角之一，即采用价值链模型分析不同技术转移机构的科技成果转移转化活动，找出中介服务绩效的影响因素。米辛和唐明凤（Miesing et al，2018）依据迈克尔·波特教授的理论，将技术转移机构的主要活动梳理为六个环节：①发现科技成果；②科技成果评估；③专利申请协助；④市场需求识别；⑤转让科技成果（包括签订技术转让合同、技术许可、纯专利许可、与公司共同开发及新的业务创建）；⑥转让后服务。他们将技术转移机构的支持性辅助活动总结为四个方面：①技术转让机构的规模；②技术转让机构的专业知识和技能；③技术转让机构的资金来源；④技术转让机构与企业、研究人员的关系。

技术转移机构在规模、人员配备和受教育程度及对企业和研究人员的态度上存在诸多不同，导致他们在价值创造的主要活动上存在差异，而全面拥有主要的业务活动和出色的支持性活动是改善运营绩效的基础。技术转让机构价值链的范围之所以重要，主要是因为具有完整价值链的技术转让机构具有较强的能力监控技术转让的增值过程及相关的信息流、风险和资源。

除了价值链的完整性外，员工参与价值创造活动的承诺对技术转移机构的绩效也有重要影响。技术转移机构价值链的核心目标是将科研成果转化为经济利益，而科研成果的技术含量是影响转化率的关键因素，从事科研成果转化的人员要具有评价科研成果技术含量的能力，就必须对科学技术及其应用有深入了解。

由于我国技术转移的整体绩效取决于每个技术转移机构的独立运作，所以改善单个技术转移机构的价值链缺陷、让这些组织的价值链有一个完整的范围是非常重要的。同时，由于技术转移是一个漫长而复杂的过程，任何一项转化过程的信息都具有很强的专有性，并且道德风险比较普遍，所以技术中介及供需双方的信任关系对技术转移的成功至关重要。考虑到上述因素，单个技术转移机构深耕于技术转移价值链的某一个环节，如成果价值评估，可能并不具有合理性，全价值链模式应该成为单个技术转移机构业务模式的主要选择。

2. 创新中介的商业模式

笔者对技术市场参与者调研得到的一个重要反馈是：在我国，专门从事技术转移中介服务的独立机构很难凭借科技成果转让转化的中介服务收入维持机构的正常运营。那么，这是否意味着这些机构必须放弃专业化经营而走多元化之路？西方学者对开放创新环境下 12 家创新中介商业模式的研究或许能给我们提供不一样的思路。

所谓创新中介（innovation intermediaries），是适应于开放式创新需要出现的一种特殊中介。在开放式创新时代，知识在全球范围内广泛分布，如何识别有用的外部知识源、访问和获取外部知识，给公司开放式创新的管理和组织带来了挑战。为了帮助那些对开放式创新缺乏适应性商业模式的公司超越自身的局限、进入外部技术市场，创新中介积极连接市场的供需双方，在创新寻求者与创新方案提供者之间建立联系。洛佩兹和范哈弗贝克（Henry Lopez et al, 2010）定义创新中介是"创建双边创新市场的平台提供商，以协调不同的、距离遥远的和以前未知的创新参与者的创新请求和创新解决方案的进程"。他们承认其他知识中介的存在，如孵化器、大学科学园和咨询公司，但强调了创新中介的特征，即在双边技术市场中充当平台提供者。

创新中介不同于传统技术中介的首要特点和优势在于具有通过创建将创新寻求者与相匹配的潜在创新解决方案提供者相连接的创新平台，以及促进技术市场双方协作的能力。创新中介把技术市场视为一个双边市场，包括一群技术买家、一群卖家和一个中介平台，平台可以通过向市场的一方收取更多费用并降低另一方支付的费用影响参与者。首先，作为平台的创新中介机构通常会通过提供免费会员资格吸引大量对价格敏感的创新方案提供者。对于签约的创新解决方案小组，虽然其中任何一家赢得解决方案的机会都很小，但这种低命中率是客户需求高度专业化的合理结果，因而也是他们可接受的；一旦签约的创新解决方案小组超过一定数量，如 100 000 个，该中介平台就成为对寻求创新解决方案的主要客户有吸引力的平台。更多付费的、寻求创新解决方案的客户又反过来使平台对解决方案提供商更具吸引力。这样，通过刺激创新寻求者和创新方案提供者的增长，创新中介建立了他的市场。表 6.1 中列出了全球典型创新中介实例及其特征。

在洛佩兹和范哈弗贝克研究的 12 个创新中介中，大多数是美国公司，也有英国、西班牙、澳大利亚的公司，以及以印度技术资源为主要支撑的比利时的公司。

其中，美国的 NineSigma 公司是拥有数量最庞大的创新方案提供者的网络平台，约 200 万名来自产业界、学术界、政府实验室和私立研究机构的创新方案提供者是该平台的会员，为创新寻求者提供开放式创新咨询服务。NineSigma 公司的平台为创新方案提供者提供出售技术、改进技术以适应创新寻求者需要的机会。该平台不仅不向创新方案提供者收取会员费，也不对他们成功的交易收费。目前全球有约 300 家公司注册成为该平台的创新寻求者，平台向创新方案寻求者收取发布和查找解决方案的费用，并就交易促进、培训、开发等咨询服务向创新方案寻求者收费。当然，并不是每一个中介平台都采用了双边市场的价格结构，也不是所有中介平台都有吸引巨量创新方案提供者的能力。通过对表 6.1 中 12 家典型中介的进一步分析可以看到，在开放式创新时代，网络化、全球化、有效利用外部资源是创新中介较为普遍的特征。

表 6.1　全球典型创新中介实例及其特征

中介名称	收费		网络平台		全球化		会员规模	
	创新寻求者	创新方案提供者	独立	合作网络	创新寻求者	创新方案提供者	创新寻求者	创新方案提供者
NineSigma（美国）	是	否	是	—	是	是	300 家	200 万
InnoCentive（美国）	是	否	是	—	是	是	60 个领域	20 万
Yet2. com（美国）	是	是	是	—	是	是	10 万	
TekScout–Utek（美国）	是	否	是	Utek	是	是	—	2 000 家机构
Big Idea Group（BIG）（美国）	是	部分	是	—	是	是	—	13 000 个创新社区
IdeaConnection.com（美国）	是	部分	是	InnoCentive	是	是	—	数千名
YourEncore（美国）	是	否	是	—	—	是	50 多家公司	6 000 名退休专家
ICAP Ocean Tomo（美国）	是	是	—	ICAP；Ocean Tomo	—	是	—	—
Innoget（西班牙）	奖励抽成	否	是	Yet2.com	否	是	—	—

中介名称	收费		网络平台		全球化		会员规模	
	创新寻求者	创新方案提供者	独立	合作网络	创新寻求者	创新方案提供者	创新寻求者	创新方案提供者
Pharmalicensing–Utek（英国）	是	是	是	Utek	可能是	是	—	—
Innovation Xchange（IXC）（澳大利亚）	是	是	是	美国公司	可能是	是	—	—
Creax（比利时）	是	部分	是	印度专家	可能是	是	8个行业	6 000家

创新中介不同于传统中介的另一个特点是他们创造客户价值的模式。传统中介在买方和卖方之间充当居间或代理，收取佣金或分成。创新中介针对技术交易双方各自的需求，利用平台的基础设施、规则和国际网络，通过为技术市场双方的客户创造价值获得持续运营的支持。创新中介可以为创新方案寻求者创造如下价值：①访问有组织的合格解决方案提供商的外部网络，为解决机密的创新问题或为业务发展机会开展合作；②提供转让或许可知识产权或技术的机会；③提供开发外部技术的服务，以及在组织内嵌入开放式创新的服务。创新中介可以为创新方案提供者创造如下价值：①使他们能够将他们的知识应用于技术挑战；②提供出售或许可专有技术的机会；③为现有技术识别或确定可能的市场应用。所有这些服务，不仅在创新方案解决者和寻求者之间建立了新颖的交易机制，促进了市场双方的交易，而且通过为识别和开发解决方案提供必需的补充服务创造价值，为双方注入了持续创新的活力和信心。

尽管创新中介机构在为技术市场的双方客户创造价值时，可以运用具有双边市场典型特征的价格策略，即资助对创新解决方案的参与，从而为创新寻求者提高解决方案的数量和质量，但创新中介的价值获取大多数基于创新寻求者成功地获取了创新方案、获取了技术和知识产权的转让或许可。创新中介平台对创新寻求者的收费包括：①从获奖的创新解决方案奖励中提取一定的比例或固定费用；②收取向外部网络发送创新问题的前期发布费；③收取顾问服务费。也有一些创新中介机构，如 Pharmalicensing、Yet2、ICAP Ocean Tomo，向创新方案提供者或知识产权卖方收费，包括：①收取成功交易费用或许可交易的固定佣金；②对发布已成功交易的技术成果的信息服务费；③收取年度会员费。

仔细观察可以看出，创新中介机构有两种价值链模型：一种是专注于帮助寻找创新问题的解决方案，如 InnoCentive、NineSigma、TekScout；另一种是专注于加速公司间的技术或知识产权转移，如 Pharmalicensing、ICAP Ocean Tomo、Yet2 等。

创新中介的开放性和国际化吸引了全球众多的创新问题解决者。创新中介的创新方案提供者来自世界各地，有私人组织、大学和政府实验室、私立或公共研究机构，还有来自不同部门的退休人员。大量有合理时间、可以同时为不同创新中介工作的高素质人才使创新中介机构除了能够促进创新问题的解决和技术、知识产权转移外，还能够不断发布新的创意和为创新寻求者提供促进开放式创新解决方案实施的一揽子服务。因此，他们的客户不仅有中小企业，而且有标准普尔 500 指数或世界财富 500 强的大公司和不断研究开发或推出新产品的其他大公司。

对国外技术转移机构业务模式开展研究给了我们以下启示：

第一，从事传统的科技成果转移转化中介业务，无论是居间还是代理，无论是科技成果的价值评估还是市场化方案，都需要出色的专业背景，因此，聚焦于有限行业的技术转移机构有利于建立良好的信任关系。

第二，由于技术转移过程复杂而漫长，面对急剧的技术变革和激烈的市场竞争，产业化阶段和商业化阶段都存在很大的不确定性。为了降低信息不对称带来的各种风险和交易成本，技术转移机构的全价值链业务模式更有利于增强各参与方的责任意识和信任关系。

第三，当中介业务扩展到开放式创新的情境中，创新寻求者的需求对于技术转移机构的重要性上升。因此，中介平台拥有的创新资源，即创新方案提供者和创新问题解决者的数量、质量、可用性、效率，便成为中介机构信用的保证，创新资源的集聚效应和规模效应也将显现。

第四，中介机构行业领域聚焦式发展的要求与创新资源规模效应的显现，预示着技术中介领域行业结构的市场化走向极有可能是规模较大的跨行业的中介机构与规模较小的单一行业的中介机构并存，政府的产业政策应关注这方面的进展，实施合适的技术中介机构扶持政策。

第五，创新资源的重要性提升了中介机构的国际化倾向，因此，对国际规则的熟悉和遵从将成为中介机构国际化能力的基础和创新资源国际化的保障。

6.2 我国技术转移机构创新发展经验

6.2.1 国家技术转移中心市场化运营经验

2014 年，我国科技部发布了《技术市场"十二五"发展规划》（下文简称《发展规划》），首次提出了国家技术转移中心这一概念，同时，《发展规划》明确指出，要根据科技部的战略部署，在全国范围内建设"2+N"的技术转移体系。"2"即在中关村设立国家级科技转移集聚区，在深圳市设立国家技术转移南方中心；"N"指的是在中部、东部、西北、西南和东北五个地区建立区域性质的技术转移中心，通过技术转移中心的构建编织成一个全国范围内的技术转移大平台网络，实现国内外科学技术、投融资、人力资源等要素的有效配置。自 2013 年起，我国共成立了 12 个区域技术转移中心，其中，华北地区 1 个，即位于北京的中关村国家技术转移集聚区（北京）；华东地区 4 个，包括位于山东的国家海洋技术转移中心（青岛）、位于上海的国家技术转移东部中心（上海）、位于江苏的国家技术转移苏南中心（苏州）、位于福建的国家技术转移海峡中心（福州）；华南地区 2 个，即位于广东的国家技术转移南方中心（深圳）、位于海南的国家技术转移海南中心；华中地区 2 个，即位于湖北的国家技术转移中部中心（武汉）、位于河南的国家技术转移郑州中心；西北地区 1 个，即位于陕西的国家技术转移西北中心（西安）；西南地区 1 个，即位于四川的国家技术转移西南中心（成都）；东北地区 1 个，即位于吉林的国家技术转移东北中心（长春）。除港澳台地区外，我国 7 大地区均建有国家技术转移中心，其中华东地区数量最多。2023 年，全国第 12 个技术转移中心国家技术转移海南中心成立，这也是近几年来成立的唯一一个国家技术转移中心。

1. 国家技术转移东部中心（上海）：技术转移机构集成平台的建构与运作

国家技术转移东部中心（下文简称"东部中心"）于 2015 年成立于上海，旨在为全国乃至国际科技成果转移项目提供技术交易、金融和孵化等全方位的服务，作为连接科研院校和企业的技术转移渠道，构建国际化、资本化、市场化、专业化和平台化的第四方平台，建设技术转移生态体系，助力上海成为"具有全球影响力的科创中心"。东部中心的建立，既是深化我国科技成果转移转化体制机制的示范，又为构建全方位的"中间商"培育体系提供了一个较为明确的模式。

（1）多元主体充分发挥各自优势

2013 年，科技部战略布局第三个国家技术转移中心，选址上海，准备建立国家技术转移东部中心，该提议得到上海市的积极响应。

2013 年，在科技部与上海市政府的联合推动下，上海市科学技术委员会具体指导，上海市科技创业中心牵头负责协调的国家技术转移东部中心建设正式启动，2014 年年底获科技部批准，2015 年 4 月在上海张江国家自主创新示范区杨浦分园挂牌落户。东部中心是由上海东部科技成果转化有限公司、上海全国高校技术市场有限公司、科寻科汇（上海）科技服务有限公司和张江示范区技术转移中心四家大型企业组成的联合体，由上海东部技术成果转化有限公司负责总体运营。四家大型企业各司其职，分工明确，承担各自的主要职能。上海东部科技成果转化有限公司负责形成技术交易基础功能平台；上海全国高校技术市场有限公司负责推进高校技术市场形成技术供给、技术需求、专业服务资源集聚的新格局；科寻科汇（上海）科技服务有限公司负责搭建国际创新收购平台；张江示范区技术转移中心负责建设和运营技术转移网络平台。

上海技术交易所是东部中心建设的一个十分重要的依托机构，是我国第一家国家级技术交易平台，自 1993 年 12 月成立到 2015 年东部中心挂牌，已经在技术交易市场上耕耘了整整 20 年，在推进我国科技创新体系建设中发挥着积极的示范引领作用。上海技术交易所以上海为中心，为长三角地区及邻近省份提供科技成果转移服务，形成以上海市为主、覆盖长三角、辐射兄弟省市、联通世界各国的技术转移网络。截至 2015 年，上海技术交易所在上海市建立了 11 个分支机构，建有 26 个市外分支机构，并与 25 个国家和地区的 50 余个国际技术转移合作伙伴建立了合作关系。2020 年，上海技术交易所在中共中央、国务院印发的《关于构建更加完善的要素市场化配置体制机制的意见》指导下进行创新和改革，截至 2024 年 4 月 25 日，先后成立了上海技术交易所国际交易中心、上海技术交易所大连服务中心、中原农谷农种业技术交易中心、上海技术交易所中部服务中心和上海技术交易所中南中心。至此，上海技术交易所共建有分支机构 42 个，并于 2023 年开设了上海技术交易所低碳专板。依托这一网络，其先后收集整理供需技术项目近 65 000 项，其中国外供应项目信息近 2 000 项，发布企业技术需求信息 16 000 余项，通过对接促成各类合作项目 13 000 余项，累计接待各类技术项目咨询来访 70 000 余人次，开展国内外技术交易活动 1 000 余场。上海技术交易所除了具有技术交易平台的基本功能外，还特别注重打造全方位的服务体系，以服务创口碑。上海技术交易所的服务涵盖了技术交易服务、研究咨询服务、项目孵化服务三个大类共计 17 项，以优质的服务完善市场化的技术交易服务功能。可以说，正是上海技术交易所建立的技术转移网络、技术转移规则及 20 多年技术转移支持性服务的经验，为东部中心技术转移平台建设奠定了坚实的、国内领先的基础。

上海杨浦科技创业中心也为东部中心的创建与发展奠定了基础。上海杨浦科技创业中心创建于 1997 年，为国家高新技术创业服务中心和中小企业公共服务示范平台。杨浦科技创业中心致力于为高科技企业及创业者服务，提供包括创业指导、市场开拓、投资融资、人力资源、项目申报、专业技术服务和国际化服务在内的全方位、全链条式服务，被誉为上海市最好的孵化基地。2009 年，杨浦科技创业中心建成了国内首个"创业加速器"，该项目是由孵化机构在上海建成的；成立了发起人为孵化器的首个微型信贷公司。2010 年，科技部引导资金入股的风险投资基金正式成立，是我国第一个集贷款与投资于一体的创业孵化机构。杨浦创业中心以"创业导师 + 创业投资 + 专业孵化"为核心服务内容的"杨浦模式"，为构建科技贸易为主、金融服务为辅的"一体两翼"的发展战略模式积累了宝贵的经验。

（2）聚焦科技成果转移转化第四方平台打造

东部中心的建设目标是建立"第四方平台"，也就是"平台的平台"，为技术转移提供集成化服务。在此基础上，以"第四方平台"为核心，集聚技术供给、技术需求和技术服务三方要素，构建三方的科技成果转化生态圈。

在科技供应方面，全国高校技术市场是主要的承担主体。同时，在美国波士顿、荷兰、丹麦、法国、加拿大多伦多、以色列、新加坡、印度及英国伦敦等国家和地区均设立有东部中心的分支机构，构成了一张具有国际竞争力的国际技术供应网络。2020 年 1 月 10 日的检索结果显示，大学科技交易平台中的科技供应清单中，已收集到 32 000 余条科技成果信息。东部中心还从国家知识产权局专利局购买了专利数据库，建立起自己的科技成果库，依托这个成果库为上海十几所高校做专利盘点，包括每年申请的专利数、授权的专利数、无效的专利数、专利引证情况、专利的主要发明人和学科等，整理出有效专利和有价值的专利，每年出版两份报告。随着专利盘点向上海科研院所、三甲医院的推广，东部中心还为上海市建立起科技创新的"能力地图"，上海的高校、科研院所及他们的重点实验室、重点工程中心、学科带头人、主要成果、目前提供的服务等都可以从该地图上找到。所有这些工作都为后续的科技成果推广和转移转化、技术商城的运营提供了扎实的基础。

在技术需求方面，东部中心主要布局两个方面的重要内容。一是负责上海 10 余个孵化器的投资和运营工作。例如，东部中心与复旦大学和上海财经大学分别合作成立了复旦大学创业中心和上海财经大学科技园。另外，对同济科技园、上海电力大学科技园、环保科技园、临港科技园等科技园区进行投资，建立了完整的孵化器板块。孵化器板块汇聚了 10 000 余家科技型企业，均可以承接科技成果转移转化工作。二是在全国范围内设立分中心或分支机构，或共建合作平台，分中心汇聚长三角，辐射"一带一路"，在太仓、南通、昆山、济南、大连、安徽、宁波、余杭、新疆、甘肃及哈萨克斯坦等地均设有分支机构，通过这些分中心或分支机构，了解、掌握当地产业的技术需求，并将需求在平台上发布。

在中介服务方面，平台将为企业提供增值服务的专业人员和第三方服务组织聚集在一起，200 余家成员单位由律师事务所、会计师事务所、投资公司、技术中介、实验平台组成，为企业提供涵盖技术转让整个产业链的增值服务，包括税务筹划、专利服务、科技咨询、价值评估、技术试验验证等。其中，部分科技成果转化的行业龙头也集聚于该平台，如可以代理全球主要国家的专利申请、维权等事务的上海大视知识产权代理事务所，拥有国内第一个 AEC-Q100（国际标准）汽车电子芯片可靠性测试平台的北京大学上海微电子研究院，拥有生物过程技术研究领域具有通用性、系列性、保密性的生物专业技术共享服务系统的上海国佳生化工程技术研究中心有限公司，以服务国际科技成果转移转化和国际创新合作为核心业务的绿字（上海）信息科技有限公司，以及总部设在美国，专业从事技术搜索、技术评估和知识产权分析，提供创新问题解决方法培训咨询服务的群龙企业咨询（上海）有限公司等。

（3）探索高校技术转移创新模式

东部中心对于科技成果转移转化的运作继承了全国高校技术市场的理念，围绕供给端（主要是围绕高校教师）的成果转移需求，推进科技成果（重点是高校国家工程中心和国家重点实验室成果）的转移转化。为了服务好教师的技术转让需求，东部中心抓住三个重点：一是产业需求，二是专业服务需求，三是融资需求。"走进高校"系列活动就是围绕上述三个重点展开的，旨在"嫁接资本、对接产业，助力高校院所科研成果产业化"。"走进高校"系列活动主要有两大类：一类是法律政策解读，帮助技术转移各参与方更好地解决在科技成果转移转化过程中遇到的财税、法律、知识产权、投资、金融等问题，降低各类风险。例如，开展"走进高校"系列活动之"走进工程大学"科技成果转化中的法律问题探究沙龙活动，开办"走进复旦"创新券政策宣讲会等。另一类是产学研对接活动，旨在搭建高校、企业与中介机构之间的信息桥梁，让技术中介、投资公司能够便捷地了解高校的技术成果和技术能力，提高高校科技成果转化概率，加快高校科技成果产业化的进程。例如，开展"走进高校"系列活动之"走进同济"材料学院产学研对接活动、"走进复旦"生物医药领域产学研对接活动、"走进海大"产学研对接暨助推项目路演活动等。东部中心孵化器板块有上万家科技型企业，东部中心平台的注册会员中有数千家企业和数百家专业服务机构、投资机构，"走进高校"系列活动得到了他们尤其是企业和投资机构的广泛关注和积极响应。

（4）推动高起点、精准化培养技术转移人才

培养技术转移专业人才是定位于技术转移第四方平台的东部中心的另一项重要使命。东部中心以国家技术转移人才培养基地为载体，与同济大学、上海盛知华知识产权服务有限公司共同筹建设立了上海技术转移学院，研发和完善技术转移学院课程体系，培养技术转移转化经纪人。东部中心技术转移人才培养体系的主要特色是高起点、精准化。一方面，上海技术转移学院高起点引进了国际技术许可专家认证体系（Certified Licensing Professionals，CLP）、国际注册技术经理人认证（Registered Technology Transfer Professional，RTTP）等国外技术转移从业人员职业能力和资质认证制度，并形成自身的国际化人才培训认证机制。另一方面，学员招生培养精准化，开设定向委培班，形成专业化培训体系。一个培养系列是从"扫盲班"到"精英班"，再到技术经理、技术经纪人，直至完成国际认证。另一个培养系列是学历教育。东部中心设立了一些奖学金，委托同济大学管理学院培养技术转移方向的专业硕士，培养适配的专业化人才和外围服务团队，以带动整个技术转移生态体系的构建和发展。

2. 国家技术转移苏南中心（苏州）：打造技术转移全链条服务先行区

2014年2月，国家技术转移苏南中心（下文简称"苏南中心"）正式获批，是国内第三家、也是目前唯一在地级市建立的国家技术转移区域中心。苏南中心围绕"立足苏州、服务苏南、辐射长三角"的总体定位，以市场需求为导向，深入推进体制机制改革，积极培养技术创新全链条的市场主体，以更有效地支持中小企业技术创新与成果产业化，致力于打造区域性的创新资源配置中心。

（1）搭建线上线下结合的全链条服务平台

在建设运营初期，苏南中心积极引进线下机构，搭建线上功能平台。以苏州自主创新广场为载体建设重点，引进国际知名技术转移机构及国内知名高校技术转移中心，以期将该广场打造成技术转移服务集群。在线上功能平台搭建方面，苏南中心打破了科技部门项目服务的常规模式，以企业需求作为设计产品和提供服务的基础，围绕区域技术转移的全链条，初步构建起包括科技成果转化平台、科技金融生态圈平台、研发资源共享服务平台和科技人才地图平台在内的四大平台。

（2）全力提升服务平台市场化运营水平

为解决前期建设和运营管理中平台分散问题，在苏州市科技局的指导下，苏州科创风云信息技术有限公司有效整合苏南中心及政府部门各类资源，搭建运营"自主创新服务超市"，并将其作为苏南中心的线上平台。该平台以"四库一池"（企业库、服务机构库、服务产品库、资源库、政策池）为基础架构，把四大功能平台的企业资源、数据资源导入平台，同时全方位共享开放数据库，建立机构服务企业的线上统一平台。

（3）积极开拓多元盈利渠道

大力开展技术交易服务，实行有奖征集需求—需求响应跟踪—技术合同签订—技术合同认定登记—技术转移体系建设补助项目备案等技术交易的全线上流程；通过微信公众号、网站等媒介平台的运营，第一时间向科技型中小企业传递政策资讯、解读政策要点、举办公益性活动等，并利用商业化运作手段提高平台用户黏性，从而借助海量的用户资源，通过介绍客户给服务机构、承办政府部门活动、承接区域平台建设等方式实现盈利。

3. 国家海洋技术转移中心（青岛）：探索特色领域技术转移转化模式

国家海洋技术转移中心由科技部与青岛市政府联合共建，是国家"2+N"技术转移体系内唯一兼具行业特色和区域性优势的技术转移集聚区。中心凭借区域智力资源密集、区域产业特色和政策先行先试等优势，以海洋科技创新源泉——蓝谷为发展重点，发挥技术要素集聚枢纽功能和创新资源市场配置作用，建设国家海洋技术交易市场、海洋技术转移公共服务平台、海洋技术转移数据中心，推进技术转移人才培养，开展科技成果挂牌、竞价拍卖、公示见证、科技成果标准化评价等特色服务，全力打造国家级海洋技术转移服务平台。

（1）线上线下联动，打造资源汇聚平台

线上打造海洋技术转移中心网络平台，对接科技部火炬中心、国家科技成果网、青岛市科技局等政府部门，并与青岛檬豆网络科技有限公司、万链数科（青岛）投资控股有限公司等市场化机构合作，推动全国涉海资源要素加速整合，汇聚涉海科技成果、企业创新需求和专家人才信息；设立青岛市首个海洋仪器共享平台，蓝谷全域涉海设备实现一站式开放共享；建设蓝谷科技创新大数据系统，对蓝谷驻地院所机构、企业、专家进行精准画像，看清摸透蓝谷科创资源，清晰刻画生态关系。线下建设"蓝谷人才之家"，整合人才服务、技术交易、金融服务、项目路演、项目洽谈等功能；发起成立青岛海洋科技创新创业联盟，链接全国 500 余家科研院所、科技企业和创新基金，不断拓展成果转化的全链条资源。

（2）揭榜挂帅牵引，探索需求导向成果转化模式

积极为科研院所、企业合作牵线搭桥，让企业释放真需求，让高校院所拿出真成果。联合大工（青岛）新能源材料技术研究院等发起"智汇蓝谷·揭榜挂帅"系列活动，走访规模以上高新技术企业、过亿元高企，摸底企业创新需求，通过大数据匹配推进精准对接，促成院企技术合作。

（3）金融资本赋能，推进涉海成果产业化落地

中心设立 1 亿元的海洋科技成果转化基金，参股成立国信海洋产业投资基金、鲁信海洋产业基金、石药仙瞳基金、元禾新一代信息技术基金等总规模达 56 亿元的产业基金，与知名创业投资机构合作引进投资类机构 800 余家，总规模达 500 亿元以上，建立起覆盖成果转化全生命周期和涉海重点产业领域的基金群，参股基金累计投资项目 30 余个、总投资约 40 亿元，再通过基金赋能涉海成果就地产业化。

（4）专业机构助力，完善全链条服务能力

中心围绕知识产权运营、技术转移人才培养、基金投资、成果孵化等，持续推进与国内知名科技服务机构间的协同发展，开展项目评估、产学研对接、投资对接、资源匹配、人才培养、落地服务等全流程服务，打造全要素综合赋能中心；与山东大学、四川大学青岛研究院等本地重点院所合作，挑选高价值成果，提供基金跟投、产业事业部跟进服务，打造定制化载体空间，从而推动高价值成果在产业上的应用。

（5）品牌活动支撑，促进各类要素融合

打造"科创荟"品牌活动，设立线下项目路演专区及线上路演直播区，打造

包括项目路演、投融对接、赛事组织、专题培训、创业辅导、参观交流及主题沙龙等集多功能于一体的科创项目路演平台。发挥产业联盟、科创联盟、基金联盟作用，建立项目库、企业库、投资机构库、行业专家库，以"科创荟"品牌活动为链环，集合相关创新创业要素，助力科技与资本和产业精准对接。

6.2.2　国家技术转移示范机构创新服务模式

国家开展技术转移示范机构评选的目的就是择优选定一批具有独特商业模式、特色经营项目和核心竞争力的技术转移机构，探索不同技术转移模式，深入推进全国技术转移工作。目前国家技术转移示范机构已达 420 家，它们在技术转移价值链的各个环节进行了积极的探索和创新，结合政府部门、企业和社会的需求，凭借较强的服务意识和专业化技能拓展了服务功能，形成了若干高效的创新服务模式，为我国技术转移机构的创新发展提供了借鉴。

1. 依托高校服务企业模式

（1）模式介绍

依托高校服务企业模式是高校院所通过与企业共建实验室或研发中心，充分发挥学科优势和技术创新能力，根据市场需求开展联合研发和技术熟化，促进技术成果转移的模式。该模式汇集校企两方所有的科技资源，充分利用各自在产业链对应环节的研究和开发优势，形成具有共同研发目标、共同参与研发过程的产学研联合体。

这种模式将产学研的深入协作发挥到了极致，不仅能够激发高校院所的创新动力，还能够提升企业的自主创新能力，有助于企业培育专业人才，同时极大地提高了技术成功转移的概率。该模式是解决技术供需矛盾最有效的途径之一。

（2）典型案例——东南大学技术转移中心

东南大学技术转移中心是 2009 年南京市首批建设的高校技术转移中心，同年获批国家技术转移示范机构。该技术转移机构立足本校强大的工科学科优势，充分利用学校在人才和科技创新方面的综合资源，助力江苏地方经济发展。

在长期实践中，东南大学技术转移中心探索出"校企联合研发中心"模式，实现校企合作的"四大转变"，即由个人行为向学校的组织行为转变，由部分科技人员的合作向覆盖学校所有学科和职能的合作转变，由单纯的项目合作向平台建设、成果转化、人才交流等多方位服务转变，由短期的项目合作向建立稳定长效合作关系转变，并成为学校推进与企业长效合作的重要工作和抓手。

东南大学于 2020 年颁布《校企产学研联合科研机构管理办法》，规范从校企联合研发中心成立、运行、考核至撤销全过程的管理。在各个研发中心设立校企共同参与的管理委员会，实行管理委员会领导下的主任负责制，实现各中心在项目合作上的学校多学科、多团队联动参与。在为企业解决现实技术难题的同时，着眼于国家战略需求，加强对行业的核心和共性关键技术的协同研究，联合申报国家重大科研项目和平台建设。

目前，东南大学校企研发中心数量已达 100 余家，年均科研经费投入超过亿元，校企双方共同申报发明专利近 600 项，获得国家、省部级和市级科技奖项 30 余项。以联合研发中心为基础，学校还培育了 12 个国家级的科研平台、一批省市级工程中心及行业公共服务平台。

2. 公共（专业）服务平台模式

（1）模式介绍

公共（专业）服务平台模式基于企业需求，设立技术创新网络平台，为企业提供专业化服务。该平台是为促进技术转移和科技成果转化而设立的在线平台或资源中心，旨在为科研机构、企业投资者和其他利益相关者提供便捷的信息查询、技术交流、项目合作等服务。平台通常由政府部门、高校、科研院所、企业协会等组织建立和运营，提供多种服务和功能，以促进技术创新、转移和商业化。

（2）典型案例——上海技术交易所

上海技术交易所成立于 1993 年，是由科技部和上海市人民政府共同组建的我国首家国家级常设技术市场，为国家技术转移示范机构。

上海技术交易所立足于自身技术交易特点，充分利用权益类交易平台的作用，通过非标准化的技术交易制度设计，汇集各种技术要素，组织专业服务机构，全面披露交易信息，充分发挥交易所技术成果汇聚和展示的功能。同时，从交易规则到交易产品的设计，上海技术交易所进行了整个核心交易体系的设计和规划，并围绕科技成果转化、企业创新需求、金融服务支撑等方面建立了全套技术服务及技术成果类交易服务，可提供一站式资金结算和交易鉴证出具服务；结合交易主体的实际需求，形成公开挂牌、非公开协议、能力挂牌、需求项目挂牌、成果公示等交易产品，并提供交易咨询、成果匹配、信息梳理、投融资对接等全方位综合配套服务，引导技术与各类要素资源的有效融合。

自 2020 年 10 月上海技术交易所开市以来，已吸引 17 家高等院校、13 家研究院所和 9 家医疗机构进场交易，服务区域覆盖广泛，包括 11 家上海国家级大学科技园、17 个上海知识产权服务集聚区和 18 家区域科技大市场。经过多轮交易，已有超过 3 600 例成功案例，累计成交金额高达 42.62 亿元。

3. 中试培育推广模式

（1）模式介绍

中试培育推广模式主要对实验室成果进行中试孵化，并将成果进行市场推广。这一模式包括技术中试与市场中试。技术中试是指实验室的技术成果，经以市场为导向的技术熟化，转化为企业或生产部门认可的生产性产品技术。市场中试是指综合考虑原材料市场和产品终端市场的各种要素，通过中试中心生产具有中试规模的产品，并在市场上投放，接受市场检验。

（2）典型案例——北京健康产业中试与孵化中心

北京健康产业中试与孵化中心是由北京中科前方生物技术研究所和北京市科学技术委员会农村发展中心共同建设的国内首家中试型技术转移机构。自 2004 年 10 月成立以来，该中心上承科研院所、下接生产企业，直接为科研机构和生产企业服务，将北京高校及科研院所对农产品加工的小试成果进行集成中试熟化、二次开发，缩小科研成果与产业化的差距，突破科研成果转化的瓶颈，提升科技成果转化率。

目前，该中心已建立了 11 条中试生产线，包括项目任务书中的桃花油萃取线、生物酶解中试线、软胶囊中试线、休闲食品成型线、复合调味品中试线 5 条中试生产线和为满足企业与市场需要新增建设的对绿谷鸡、畜禽鲜骨、白灵菇、大白菜、雪花梨等农产品进行精深加工的 6 条中试生产线。

除此之外，北京健康产业中试与孵化中心创建并推广了"实验室成果＋技术中试＋市场中试"这一面向市场的中试模式，即将技术中试后的产品在选定的样板市场进行市场中试。这种中试模式不仅能够为企业带来更大的投资回报，也能更加有效地实现技术转移转化。

4. 产业技术研究院模式

（1）模式介绍

产业技术研究院模式主要利用技术转移的方式，借助产学研合作，发现和解决行业、企业发展的技术障碍，促进企业技术的引进、消化和吸收。该模式促进了科研机构与产业界的密切联系，以产业发展的实际需求为基础，瞄准关键技术领域，开展前瞻性的技术研究和应用探索。

（2）典型案例——江苏省产业技术研究院

江苏省产业技术研究院（下文简称"江苏产研院"）于2013年12月成立，立足于科学技术转化的重要节点，致力于突破阻碍科技创新的思想和制度壁垒，探寻推动科技成果转化的体制机制，畅通科技成果转化为现实生产力的途径。

江苏产研院秉承"研发作为产业、技术作为商品"的理念，从供给创新资源和挖掘企业技术需求两端精准发力，构建集研发载体、产业需求和创新资源于一体，产学研用深度融合的产业技术创新体系，营造包括人才生态、金融生态、空间生态在内的产业创新生态。

江苏产研院目前承担五个职能：一是产业技术发展的战略智库，起到战略策划和产业组织的作用，聚焦国际产业前沿，对技术发展战略进行研究分析并提供前瞻性政策建议咨询，引领产业高端跨越；二是产业共性关键技术的策源地，建立与国际接轨的研发组织方式，力争在若干产业前沿性、关键性、共性技术领域实现重大突破，推动科技成果资本化和产业化，持续培育新兴业态和创造新的经济增长点；三是高水平研发机构的共同体，以市场需求为导向，将产业创新资源整合起来，建立跨学科和前瞻性的产业技术创新战略联盟，完善企业研发创新网络，组织协同攻关，从整体上提升产业技术水平；四是高科技企业的孵化中心，全面发挥智力和资本密集优势，提高创业孵化能力，实现载体、项目、金融和服务的联动配套，成为高科技企业发展的重要服务支撑；五是产业技术人才的聚集高地，加快建立人才、项目、服务、资金"四位一体"的联动机制，进一步拓展高层次人才引进和培养渠道，为海内外人才创新创业营造优质服务环境，打造具有世界影响力的产业人才战略高地。

5. 院地合作模式

（1）模式介绍

院地合作模式是指中国科学院与地方政府、企业、大学和科研机构建立科技合作，将全国优质的科技资源与区域经济发展相互融合，通过政府引导，推动科研院所、企业与金融机构协同发展，打通科技与经济、社会发展的通道。

（2）典型案例——中国科学院湖北产业技术创新与育成中心

湖北产业技术创新与育成中心（下文简称"湖北育成中心"）是湖北省政府与中国科学院针对湖北省传统产业转型升级、发展培育战略性新兴产业的需求，共同作出的通过省院产研合作提升企业自主创新能力的战略部署。自成立以来，湖北育成中心全面贯彻落实国家创新驱动发展战略及共建协议，以"产研融合、科技兴鄂"为己任，围绕"产业的科技需求和研究所的成果转移转化需求"这一重点，组建专业服务平台、区域服务平台和信息服务平台的三维服务体系，持续吸纳省内外科研院所创新资源，为湖北经济高质量发展服务。

湖北育成中心采用"1+N"的组织构架，即在湖北育成中心的组织协调下，形成一个辐射全省的科技成果转移转化网络，以湖北省内外科研成果资源和人才技术等优势为依托，引进培育高端科技人才，推动产学研合作，促进湖北科技成果的转化与应用，为加速湖北科技自主发展、湖北经济高质量发展，打造国家科技创新高地奠定坚实的基础。

6. 技术产权交易模式

（1）模式介绍

技术产权交易模式是指通过技术成果转让、技术合作和委托研发三种方式实现技术成果转化。这种模式通常涉及技术的买卖、许可、转让或授权等，其目的是促进科技成果的应用和商业化，从而促进科技创新和产业发展。

（2）典型案例——武汉光谷联合产权交易所

武汉光谷联合产权交易所（下文简称"光谷联交所"）成立于 2006 年 12 月，是以湖北省产权交易中心为基础，由湖北省国有资产监督管理委员会、湖北省科技厅、武汉市国有资产监督管理委员会和武汉东湖新技术开发区管理委员会发起设立的产权交易机构，是国家首批技术转移示范机构、中国创新驿站、国家专利技术展示交易中心和科技部创新基金服务机构。光谷联交所主要从事各类产权交易活动，提供科技成果交易场所、设施和信息发布服务，履行产权交易鉴证职能，为非上市公司进行股权登记托管与转让代办，提供改制策划、资产处置、产权经纪、培训辅导、财务顾问服务，交易品类包括物权、债券、股权、知识产权、涉讼资产和排污权等。

近两年，光谷联交所累计实现技术交易和合同认定 36.49 亿元，并于 2010 年11 月设立武汉知识产权交易所，专门从事专利权、商标权、专有技术、集成电路布图设计专有权等知识产权的展示、交易和融资业务。

7. 协会服务模式

（1）模式介绍

协会服务模式是公益性民间服务机构，通过组织举办各类学术交流、技术市场相关业务培训等活动，开展政策咨询等服务。这种模式注重技术转移机构之间的合作共赢，借助协会平台，对行业难题进行研究，促进经验的交流与共享，推动行业规范化和专业化发展，提高行业整体的竞争力和影响力，更好地为科技成果转移和应用服务。

（2）典型案例——浙江省科技咨询中心

浙江省科技咨询中心隶属于浙江省科学技术协会，依托科协科技团体优势，技术力量和开发能力雄厚，是浙江省内开展综合性科技咨询服务最早的单位。其主要从事技术咨询、决策咨询、管理咨询、工程咨询及技术开发、技术成果转让、技术服务、司法技术鉴定、科技中介服务等。

浙江省科技咨询中心多年来依靠和组织浙江省科协所属团体会员、各高等院校、科研机构、企事业单位及社会科技人员，遵照"科教兴国"战略方针，充分发挥人才荟萃、智力集中、学科齐全、网络健全的优势，广泛开展科技咨询服务活动，共完成 5 万多个咨询项目，合同金额高达 30 多亿元，产生超过 600 多亿元的直接经济效益，项目辐射全国 26 个省、市、自治区，对浙江省的经济、科技、社会发展起到了重要的作用。

第7章 浙江省技术转移机构市场化发展路径建议

7.1 推动高校院所技术转移机构市场化发展

从浙江省国家技术转移示范机构类型来看，2021 年，以高校院所为运行主体的约占 34.6%，是全省技术转移机构的重要组成部分，是推动科技成果转移转化的主要力量。从浙江省的科技成果转化政策来看，为了提升高校院所科技成果转移转化的效率，浙江省出台了一系列政策，在一定程度上解决了束缚科技成果转化的职务发明所有权和处置权、尽职免责、分配激励等问题，但几乎忽视了对高校院所技术转移机构的培育支持。依托高等院校和科研院所设立的技术转移机构是连接我国科技成果高产出、高质量技术输出主体和产业的枢纽，高校院所与其他科技成果转化组织相比，以其特有的资源优势，可以将科技成果从产出到转化的过程明显缩短，由此大大降低了成果转移转化过程中的风险。为此，浙江省应充分发挥高等院校在科技成果转化中的"源头"功能，积极探索以市场为导向的产学研合作模式与运作机制，这是破解打通科技成果转化"最后一公里"难题的有效之路。

1. 强化技术转移企业需求导向

高校技术转移机构要充分发挥桥梁纽带作用，推动高校积极建立与企业的合作关系，深入市场进行调研，了解企业当前核心需求及市场发展规划，通过"走出去、引进来"实现高校科研与产业需求的双向对接，科学打造产学研用融合实施路径，实现高价值科技成果提前布局及培育。高校技术转移机构要利用好高校、政府及产业平台资源，通过信息平台、大数据推广、线下专项宣介会、产业园发布会等方式，推广高校科技成果及企业需求，有针对性地开展各学科、各领域、跨学科的专项推介活动，形成常态化的信息发布对接机制，有效促成科技成果服务负责人与企业需求方的精准对接，打破供需双方的信息孤岛。

2. 创新高校技术转移机构运行模式

以提高科技成果的转化效率为中心，引导依托高等院校和科研院所设立的技术转移机构在组织结构、对外合作、技术转让等方面进行创新。结合企业对于科技成果的实际需要，采取内部型技术转移办公室、外部型技术转移公司及混合型模式等多种建设模式，采取产学研合作机构、技术转移工作站和科研基地等不同组织形式，选择高校与企业合作、校地合作和技术转移联盟等多种合作模式，实行成果转移、直接执行、技术授权、合作转移等多种转化模式。鼓励高校和企业、新型研发机构建立中试、成熟基地和成果转化应用示范基地，探索"研究—中试—转化"的技术转移全流程服务模式，通过灵活的组织形式和完善的组织体系，扩大高校技术转移合作广度和深度，延伸服务辐射网络。

3. 建立市场化的组织结构及管理模式

大力推动高校技术转移机构转变观念，从行政事务管理为主转为专业服务为主，设置专岗人员，设立工作目标，厘清技术转移机构与高校其他部门间的职责与分工，建立快速的内部协调及外部服务响应机制，逐步优化内部架构。下设的二级法人事业单位应健全治理架构，按照市场化主体分离所有权与经营权，培养或引进职业经理人，组建市场、运营、研发、支持等专业团队；设置灵活的内部激励方式，练好"内功"，形成一站式服务核心能力；定期向高校决策层或政府主管部门汇报目标进度，更新发展计划。

4. 大力提升高校院所市场营销能力

高校技术转移机构既要利用好内部资源，又要主动"走出去"，进行外部拓展。机构的业务团队要分工协作，专人划片划区，扮演"推动者"角色，对高校内的科研人员进行一对一定向跟踪服务，筛选可转化的科技成果，鼓励、引导科研人员进行技术转移，提供政策、市场、技术、法务、资金等专业咨询，提高科研人员技术转移意愿及主动性。高校技术转移机构要充分研判学科专业领域，对各学科技术成果进行归类、细分，主动整合同类技术成果资源，进行跨高校、跨学科、跨区域的营销服务，扩大科技成果来源"蓄水池"。

5. 加快构建内外技术转移生态圈

高校技术转移机构不能长期依赖高校或政府，应形成符合自身发展实际的可持续发展道路。内部方面，应明确适合本机构的业务目标及发展路线，利用互联网和大数据技术，打造本机构的全生命周期业务运行系统、技术实验室，研发集成科技成果、科研人员、企业需求的专业数据库。外部方面，联动专业的法律机构、科技成果交易中心、资产评估机构、金融机构、产业园区等外部平台，优势互补、合作共赢，推动形成特色领域科技成果转化联盟。

7.2　大力培育市场化主体技术转移机构

从我国技术转移机构的类型来看，当前以高校院所及政府部门为主体运行的机构仍占据主导地位，完全市场化运营的主体占比较小。2021 年，浙江省独立第三方运营主体的国家技术转移示范机构有 8 家，占机构总量的 30.8%，超过全国平均占比，表明浙江省市场化技术转移机构的培育潜力较大。虽然以高校院所及政府部门为主体运行的技术转移机构往往拥有数量庞大的专业人才和专家网络及专业化的技术服务平台，具有提供高质量技术转移服务的能力，但机构性质限制了其发展活力，往往存在市场化运营能力不足问题，需要大力培育市场化主体技术转移机构。

1. 支持市场主体设立技术转移机构

国外技术转移机构的发展经验和实践表明，企业化运作的技术转移机构权责清晰、产权明确，经营的灵活性极大，在竞争中求生存，更有利于自身的发展和进行服务创新，从而有效提高机构的服务水平和服务质量。要逐步改变目前政府主导的技术转移机构发展模式，大力支持符合条件的个人、企业或其他经济组织创办或者联办各类技术转移机构，打破单一的所有制结构，努力促成多种所有制形式、多种功能和多种模式的技术转移机构发展态势。大力支持科研院所、民间资本、保险公司、金融机构、高新技术企业、政府部门和外资等共同介入技术转移机构投资运作模式。当然，根据浙江省技术转移机构发展现状，一步到位，将浙江省技术转移机构全部转变为企业化管理并不现实，应分析技术转移机构所从事的具体业务，根据其特点，采取转变为非营利性组织和企业化运作两种运作方式。非营利性组织并不以盈利为目标，而是致力于将政府主导研发的科技成果进行产业化，或者为政府和企业提供科技咨询和发展导向服务，如一些科技市场、生产力促进中心等。这类机构不应多，但要在整个技术转移机构中发挥重要作用。绝大多数的技术转移机构应该实行企业化运作机制，以市场经济运行规律为基础，建立适于技术型科技企业发展的现代企业制度、追求盈利的法人机构。

2.加大专业化技术转移机构培育力度

浙江省应该尽快通过制定技术转移机构培育专项政策，推动浙江省科技成果转化机构市场化、专业化、规范化发展，提高科技成果转化的服务能力与层次，着力于培育并建立一批有自主"造血"功能的专业化科技转移企业。选择一批市场化程度高、成果转化成效显著、具有明显建设模式特点的科技成果转化示范基地，开展示范项目建设，为其他科技成果转化机构的建设提供借鉴。促进提升科技成果转化机构的质量和效益，扩大科技成果转化服务的范围。在全省开展科技成果转化工作的绩效评估，对评估结果达到优秀级别的科技成果转化机构给予后期补助。引导各级技术转移示范机构探索各具特点的发展模式，全面开展科技成果转移转化专业化服务。从科技经费中统筹安排资金，支持科技成果转化机构提高专业化服务水平、创新服务模式。对通过技术经纪人（机构）或技术经纪执业人员对接成功的成果转化项目予以优先支持。

3.鼓励发展新型技术经纪增值服务

大力支持技术转移机构按照技术转移和成果转化的全流程，开拓服务内容，创新服务模式，提供专业的技术规划、法务咨询、商务谈判、知识产权运营、科技金融等新型技术经纪增值服务。鼓励技术转移机构利用自身信息和专业技术优势延伸技术经纪服务，以项目经理人等方式参与科技成果转化。支持市场化技术转移机构联合金融机构，积极探索新的融资模式。积极推动知识产权质押融资模式，在合理定价的基础上，通过合作试点银行、试点高校，寻求当地金融监管部门支持，为其他高校、区域打造知识产权融资样板。同时，技术转移机构可与金融机构、政府部门合作，通过政府引导基金的担保，筛选优质项目进行组合担保贷款，在风险分担基础上提高引导基金使用率。

7.3 创建基于第四方平台的省域技术转移机构培育机制

当前浙江省尚未落地国家技术转移中心，一直缺乏能够带动全省第三方技术转移机构创新发展，集聚跨区域、跨领域、跨机构的技术转移要素资源的第四方平台，从而依托平台积极开展技术转移的市场化运营模式、资本化运营路径的探索，大力培育市场化的技术转移机构，打造科技成果转化创新生态体系。可以积极借鉴国家技术转移东部中心（上海）创新经验，加快推进建设一个平台化、国际化、市场化、资本化、专业化的第四方平台，依托平台加快构建浙江省技术转移机构培育机制。

1.设立浙江省技术转移机构培育平台

以培育市场化的技术转移机构为使命的省级平台可以命名为浙江省技术转移机构培育平台，由省政府（相关职能部门）出面设立。该平台可以是一个独立的第四方平台，也可以是一个重组的省级技术交易第四方平台中的独立子平台。为了保证公正性和职能的有效发挥，该平台不应从属于任何第三方平台或委托第三方平台代管。该平台的培育对象不是任何技术转移机构或中试公司，入驻机构应该具备两个必要条件和一个优先条件。必要条件一：必须是独立的第三方机构，而不是内设机构或具有政府背景的机构，因为这种独立机构是市场导向的，但资源相对有限，面对不成熟的技术市场和社会信用体系，它们更需要帮扶。必要条件二：必须是从事科技成果转移转化单一业务的机构，而不是多元业务机构，从而该机构及其员工能专注于科技成果转移转化，不至于因追逐其他高利润项目偏离科技成果转移转化的轨道。优先条件：是提供科技成果转移全价值链服务的中介机构，因为全价值链服务是技术转移机构较优的业务模式。

2.构建平台综合服务功能

为了满足独立第三方科技成果转化组织生存与发展所需的专业人才、外部资源和基础信用等核心要求，浙江省技术转移机构培育平台应具备五个主要功能：一是构建诚信体系。将入驻平台中介的出资方、管理团队、从业人员、经营活动、信用等信息向社会公布，对存在信用污点的中介机构进行清理，建立信息透明的技术中介诚信体系。二是对接活动组织。为进入平台的机构提供与大学、研究机构、初创企业/园区企业和集团企业的交流和对接服务，为入驻平台的中介提供获取业务资源的优先权。三是专业人才培养。与高校、政府部门、相关机构及国际技术转移组织合作举办技术转移中介业务和技术经纪人教育培训活动，对接技术经纪人的资格认证项目，为有志从事技术转移工作的科技人员提供继续学习的机会，开拓专业化技术经纪人队伍的培养通道。四是投资融资协助。通过政府专项基金与各类投资机构建立联系，拓宽入驻平台中介机构进行科技成果转移转化的融资通道。五是行业政策研究。调研技术中介运行情况和政策需求，追踪政府政策落实情况和全国各地的政策创新，关注技术转移的国际趋势，为技术转移机构的良性发展提供智力支持。图 7.1 所示为浙江省技术转移机构培育平台架构。

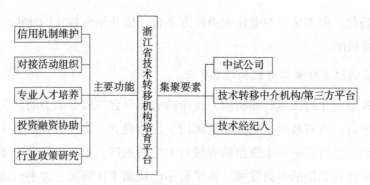

图 7.1　浙江省技术转移机构培育平台架构

3.强化平台建设国际化导向

与上海、江苏和广东等省份相比，浙江省的科研实力比较薄弱，为浙江省科技成果转移与市场交易提供便利，建立与世界各国的科技资源对接机制十分必要。在国外，成功的创新"中间商"案例必定是具有国际性的，即使本土的技术"中间商"，其科技资源网络的建构也必然以跨国为导向，如北京科技转移集聚区与深圳国家技术转移南方中心从一开始就肩负着构建中国科技转移重大平台与国际科技转移中心的重任。因此，虽然浙江省技术转移机构主要服务于民营中小企业，但是浙江省技术转移机构培育平台建设一定要有国际视野中介和国际化高度，既可以接纳外国人创办的技术转移机构入驻平台，引入技术经纪人国际培训项目和技术经纪人资格国际认证项目，也要在技术转让和知识产权保护的制度规范上更好地与国际接轨。

4.坚持平台的公益性和非营利性定位

浙江省技术转移机构培育平台是为技术转移机构提供类似孵化和成长加速服务的组织，这是一种公共服务，提供公共服务的机构是公益性机构，而非商业性机构、营利性组织。坚持这一定位的目的是希望能够参照公务员体系建立该平台工作人员的绩效考核和薪资待遇体系，从而使平台和员工专注于平台的公益性服务，尽职尽责、公平公正，避免走向异化。

7.4　壮大高素质复合型技术转移人才队伍

人才是技术转移机构最基本也是最重要的元素，当前，浙江省在技术转移的各个环节都缺乏人才，尤其缺乏复合型人才和专业型人才。要加快完善技术转移人才培育体系，发掘和培育一大批"知政策、精技术、懂管理、懂金融、懂法律、通市场、善转化"的高素质复合型人才，通过优化人才结构和提升人才素质，推动浙江省技术转移机构迈向更高的发展水平。

1. 推进技术转移人才培训基地建设

2015 年，科技部火炬中心成立并发布了 11 个国家级技术转移人才基地〔《关于加强国家技术转移人才培养基地建设的通知》(国科火字〔2015〕316 号)〕，但是，与巨大的科技成果转移人才需求量相比，现有的有效培养量还远远不够。为此，浙江省可以以现有比较成功的国家技术转移人才培养基地为参考对象，借鉴其建设经验和运行模式，并根据浙江省的优势产业特点、科技人才实际情况，创建面向地区的技术转移人才培训基地，培养胜任基础转移工作和技术需求调查与推介工作、能够对全转化链统筹把控的专业人才。由浙江火炬中心牵头，大力开展省内技术转移机构优秀经验与典型成功案例推广活动，组织有关专家、学者，借鉴国内外技术转移与技术创新理论和经验，编制相应出版物，形成人才培训的教材。提高政府部门工作人员对技术转移工作的认识，及时调整优化技术转移管理人员专业知识结构，打造一支高素质、高效率的政府部门技术转移管理人才队伍。

2. 完善技术转移人才培育体系

浙江省要建立技术转移机构人力资源战略规划机制，完善技术转移机构人才的招聘、培训、考核、薪酬及中长期激励制度，提高从业人员的整体水平。技术经纪人是促进技术交易的重要主体，是技术转移机构重要的活力因素，而目前浙江省技术经纪人的数量和质量还远远达不到科技成果转化需求。技术经纪人、科技评估人员、顾问人员等专业人员的培训与认证工作制度应当逐步健全和强化；实行技术中介人员的培养、认证和登记制度，组织有关协会、技术转移机构、高等院校及企业对技术经纪人进行联合培养，实现统一的认证标准、考试、考核。对取得执业资格者，每年进行年度检查和注册登记。要利用目前各类科技创新平台的人才集聚效应和"海内外高层次人才引进计划"等引导高素质人才进入技术转移机构。要建立健全科技成果转化人才队伍培养的工作体系和长效机制，加强科技成果转化工作人员的培训与管理工作。

3. 提升技术转移人才培养社会关注度

在制定有关科技成果转化的政策时，要不断加大对科技成果转移转化人才的激励力度，根据其对科技成果转化的贡献，按净收益一定的百分比对技术转移团队或个人予以奖励；建立多元化激励机制，探讨将技术经理人列入工程技术职称的评审范畴；加大技术转移领军型人才的培育力度，在相应的人才计划中优先支持对科技成果转化做出重要贡献的人才；鼓励高等院校继续进行制度和机制的改革，在科技成果转移转化方面进行学历培养。鼓励具备条件的大学设置与科技成果转移转化有关的课程和专业，开展学历和学位教育，探讨学历教育和社会培养课程互认机制。鼓励有条件的高等院校加强对科研成果转移转化的基础理论研究，建立一支高层次的科研团队和教师队伍。改进科技成果转化技术职务的评审标准。推动高等院校、研发组织、医疗卫生机构等建立科技成果转化与职称评审、绩效考核、岗位晋升、人才评价等相结合的考核体系。

4. 促进技术转移人才队伍国际化建设

要加强同海外顶尖的科技成果转移转化组织和相关国际组织的交流、互访，在此基础上，充分借鉴国际上成熟的培训制度，结合本土技术转移的实际情况，将其在本土的落地工作做好，加速建立本土独特的国际科技成果转移转化体系和培养制度。以国际技术转移为重点，培育一批国际型技术经理人，推动我国科技要素在国内、国际的双向流动，提升我国的国际科技成果转移转化能力。

7.5 大力推进技术转移机构开放合作

浙江省目前的科技成果转移组织大多是"单兵作战"，主要在绩效和经济效益两个层面竞争，而在横向合作方面尤为缺乏，没有建立起有效的资源共享机制，很难在产业上发挥出大的合作效应。因此，需要从技术、产业链条运作各个环节的需求出发，推动技术转移机构高度开放合作。

1. 强化高校院所技术转移联盟支持力度

务实运行浙江省高校院所技术转移联盟，加强内部资源共享，实现科研、产业、资本、金融、媒体等各方资源的衔接，共同研究和解决政策落地过程中存在的问题和障碍。推动联盟会员协同创新，有效整合联盟会员科技创新资源和相关渠道资源，探索对外合作联动机制，推动校企协同创新，推动实验室资源开放和共享。以联盟为窗口，推动跨地区、跨国界的技术转移，以长三角地区为重点，引入外部科技资源，促进人才、技术、资本等创新要素流动。以需求为导向，围绕科技成果转移转化全链条，与知识产权运营、成果评估筛选、中试熟化、企业孵化、投融资等机构建立合作关系，集聚一批服务技术转移的配套资源，提升联盟及其会员服务能力和专业化水平。

2. 鼓励技术转移机构间横向合作

鼓励科技成果转化机构将各个专业领域的专业技术服务组织和技术咨询组织有机地结合起来，建立专门技术领域内的科技成果转化服务联盟，加强信息交流和业务协作。有效推动高水平的技术转移机构的信息流向中小型技术转移机构，不断扩大高水平技术转移机构的服务覆盖面，降低信息壁垒、发展规模等带来的马太效应。

3. 建立跨地区技术转移联盟

加大对长三角技术转移联盟（由浙江省科技评估与成果转化中心和宁波生产力促进中心共同发起）建设支持力度，推进长三角区域技术转移创新合作，联合培养区域性质的科技成果转移转化技术经理人，制定区域技术经理人资质认定相关政策，定期组织交流活动，实现资源共享。根据技术中介服务的特点，积极引导行业分工和协作，以解决技术转移转化难点为导向，促进浙江省各地在高质量的科技成果供给、成果供需精准匹配对接、成果转移转化生态构建、成果转移转化体制机制优化等方面进行协同合作，实现平台共建、服务共享、数据共享、政策共享，构建要素齐全、功能完备、开放协同、专业高效、氛围活跃的区域成果转化与技术转移转化体系，构建覆盖长三角、辐射全国、联通全球的技术转移高地。

4. 加大与金融机构合作力度

在财政资金基础上，各类技术转移机构可联合金融机构，积极探索创新融资模式；在合理定价的基础上，推动知识产权质押融资模式，通过合作试点银行、试点高校，寻求当地金融监管部门支持，为其他高校、区域打造知识产权融资样板。技术转移机构可与金融机构、政府合作，通过政府引导基金的担保，筛选优质项目，进行组合担保贷款，在风险分担的基础上提高引导基金使用率。

参 考 文 献

中文文献

安涌洁，胡贝贝，刘海波，等，2022. 技术转移机构的专业化：理论内涵和发展实践 [J]. 科技管理研究，42（23）：63-71.

毕会英，2006. 政府在大学技术转移中的职能定位 [J]. 科技管理研究（1）：17-23.

常旭华，陈强，韩元建，等，2018. 基于我国高校科技成果转化模式的涉税问题研究 [J]. 科学研究，36（4）：635-643.

常旭华，陈强，李晓，等，2019. 财政资助发明权利配置：国家、单位、个人三元平衡分析 [J]. 中国软科学（6）：13.

常旭华，李晓，2018. 我国高校科技成果转化的主导模式、共性问题及对策分析 [J]. 世界科技研究与发展，40（5）：519-527.

陈恒，侯建，2016. 自主研发创新、知识积累与科技绩效——基于高技术产业数据的动态门槛机理研究 [J]. 科学学研究，34（9）：1301-1309，1425.

陈恒，李振亚，2009. 美国大学技术转移机构运行机制及其启示 [J]. 科技管理研究，29（8）：219-221.

陈红喜，关聪，王袁光曦，2020. 国内科技成果转化研究的现状和热点探析——基于共词分析和社会网络分析视角 [J]. 科技管理研究，40（7）：125-134.

杜赛花，李镇南，赖志杰，2020. 广东省城市科技创新孵化能力与效率——基于改进熵值法与超效率 DEA 的分析 [J]. 科技管理研究，40（17）：75-80.

樊春良，马小亮，2018. 科技与政策之间的边界组织 [J]. 科学学研究，36（8）：1353-1359，1420.

方炜，郑立明，王莉丽，2019. 改革开放 40 年：中国技术转移体系建设之路 [J]. 中国科技论坛，35（4）：17-27.

傅正华，林耕，李明亮，2007. 我国技术转移的理论与实践 [M]. 北京：中国经济出版社.

龚勤林，李源，邹冬寒，2022. 技术关联、技术转移对区域技术演化的影响——以成渝地区双城经济圈为例 [J]. 科技进步与对策，39（7）：33-43.

龚雪媚，汪凌勇，2010. 技术转移机构的运行模式与绩效影响因素研究［J］. 科技进步与对策，27（23）：105-110.

郭冬梅，郭涛，李兵，2021. 进口与企业科技成果转化：基于中国专利调查数据的研究［J］. 世界经济，44（5）：26-52.

郭飞，宋伟，2005. 论日本高校技术转移的政策模式［J］. 中国科技产业（8）：113-115.

郭俊华，徐倪妮，2016. 中国高校科技成果转化能力评价及聚类分析［J］. 情报杂志，35（12）：155-161，168.

郭曼，朱常海，邵翔，等，2018. 中国技术转移机构的发展策略研究——基于能力升级的视角［J］. 中国科技论坛（1）：16-23.

郭强，夏向阳，赵莉，2012. 高校科技成果转化影响因素及对策研究［J］. 科技进步与对策，29（6）：151.

郭显光，1998. 改进的熵值法及其在经济效益评价中的应用［J］. 系统工程理论与实践（12）：99-103.

郭正权，朱安丰，赵晓男，2021. 政产学研体系科技成果转化的模拟分析［J］. 经济问题（2）：45-52.

韩振海，李国平，陈路晗，2004. 日本技术转移机构（TLO）的营建及对我国的启示［J］. 现代日本经济（5）：53-57.

何炼红，陈吉灿，2013. 中国版"拜杜法案"的失灵与高校知识产权转化的出路［J］. 知识产权（3）：84.

侯媛媛，刘云，张振伟，2017. 北京技术输出的模式及其影响因素研究［J］. 研究与发展管理，29（1）：65-74.

胡振亚，2012. 论科技成果转化的实施主体、转化模式和激励机制［J］. 求索（12）：173-175.

黄平，李敬如，卢卫疆，等，2015. 基于关键环节分类组合的科技成果转化模式研究［J］. 科技管理研究，35（21）：58-61.

靳瑞杰，江旭，2019. 高校科技成果转化"路在何方"？基于过程性视角的转化渠道研究［J］. 科学学与科学技术管理，40（12）：35-57.

康建辉，代华，王渊，2009. 高校职务发明专利权归属问题研究［J］. 技术与创新管理，30（1）：32.

李海波，韩爱华，2017. 技术转移、异质特征与自主创新的实证研究［J］. 统计与决策（24）：170-174.

李家洲，蒋同明，2017. 影响技术转移的主体因素分析——以北京市为例［J］. 中国经贸导刊

（12）：63–65.

李娟，潘国轩，赵金梅，2023. 大数据驱动科技成果转化：理论机理与实证检验［J］. 哈尔滨商业大学学报（社会科学版）（4）：46–58.

李兰花，郑素丽，徐戈，等，2021. 技术转移办公室促进了高校技术转移吗？［J］. 科学学研究，38（1）：76–84.

李攀艺，蒲勇健，2007. 基于道德风险的高校专利许可契约研究［J］. 科研管理，28（5）：150.

李伟，王小曼，郑翼，等，2014. 以色列大学技术转移机构管理运行机制探析［J］. 改革与开放，29（5）：27–28，10.

李文波，2003. 我国大学和国立科研机构技术转移影响因素分析［J］. 科学学与科学技术管理（6）：48–51.

李小丽，余翔，2014. 区域三螺旋强度及技术转移机构特征对技术转移机构效率的影响研究［J］. 科研管理，35（9）：115–122.

李玉清，田素妍，高江宁，等，2014. 德国技术转移工作经验及借鉴［J］. 中国高校科技（10）：56–58.

李正卫，曹耀艳，陈铁军，2009. 影响我国高校专利实施的关键因素：基于浙江的实证研究［J］. 科学学研究，27（8）：1185.

李壮，王子齐，张磊，2021. 环境和气候技术转移新生代：主体、机制和模式创新［J］. 西北大学学报（自然科学版），51（4）：665–674.

梁玲玲，张春鹏，黄静，等，2020. 国家技术转移体系建设评估研究与实践［J］. 科技管理研究，40（10）：56–64.

林慧岳，1992. 技术转移的历史透视［J］. 自然信息（2）：3.

刘姝威，陈伟忠，王爽，等，2006. 提高我国科技成果转化率的三要素［J］. 中国软科学（4）：55.

刘威，陈艾菊，2008. 高校与企业在科技成果转化中的博弈分析［J］. 科技管理研究（7）：246.

刘娅，2015. 英国公共科研机构技术转移机制研究［J］. 世界科技研究与发展，37（2）：212–217.

罗涛，2002. 斯坦福大学技术转移的成功经验［J］. 经济管理文摘（6）：28–29.

吕海萍，化祥雨，董颖，等，2020. 高校技术转移能力时空格局演化及影响因素研究——基于中国省域数据［J］. 技术经济与管理研究（11）：115–121.

马松尧，2004. 试论科技成果转化的动力机制［J］. 兰州大学学报（社会科学版），32（5）：122–126.

潘雄锋，张静，米谷，2017. 中国区际技术转移的空间格局演变及内部差异研究［J］. 科学学研

究，35（2）：240-246

彭辉，姚颉靖，2009. 美、德、英三国医药领域技术转移中介组织及其运作机制研究［J］. 河北经贸大学学报，30（1）：68-76.

戚湧，朱婷婷，郭逸，2015. 科技成果市场转化模式与效率评价研究［J］. 中国软科学（6）：184-192.

宋河发，廖奕驰，陈芳，2019. 科技成果与知识产权入股递延纳税政策改革研究［J］. 科学学研究，37（8）：9.

宋慧，吕华侨，2013. 基于协同创新视角的技术转移机制建设［J］. 科技管理研究，33（14）：20-23.

苏洁，沈文成，2007. 改进熵值法问题的初探［J］. 现代商业（26）：187-188.

孙理军，黄花叶，2003. 美日技术转移实践及其对我国技术转移中心的启示［J］. 科技管理研究（1）：70-72.

谭涛，李俊龙，2023. 我国高校科技成果转化与区域高技术产业发展水平测度以及耦合协调度研究［J］. 中国科学基金，37（4）：682-691.

万金荣，张庆海，2006. 中外科技成果产业化模式的比较研究［J］. 学习与探索（3）：228.

王华统，曹光源，郭韧，2003. 影响科技成果转化的主成分分析［J］. 运筹与管理（6）：123.

王小绪，2014. 大学技术转移机构建设：现状、问题与对策［J］. 高等教育研究，35（12）：59-62.

王小勇，宁建荣，张娟，2009. 国内外关于技术转移机构研究综述［J］. 科技管理研究，29（1）：44-46.

肖尤丹，徐慧，2018. 职务发明国家所有权制度研究［J］. 知识产权（8）：62.

熊鸿儒，2013. 新兴经济体中战略性新兴产业发展的制度环境：政府主导还是市场主导［EB/OL］.（2013-11-07）［2024-01-15］. http://chinareform.org.cn/forum/crf/78/paper/201311.

徐兰，徐婷，2017. 德国技术转移体系对我国的启示［J］. 中国高校科技（4）：51-53.

徐哲根，杨璐，栾绍娇，2019. 基于接力创新的高校科技成果转化能力与效率评价研究［J］. 科技管理研究，39（24）：8-14.

许可，刘海波，张亚峰，2021. 技术转移机构模式创新——基于边界组织的路径拓展［J］. 科技进步与对策，38（5）：1-10.

许云，2016. 北京地区高校、科研机构技术转移模式研究［D］. 北京：北京理工大学.

闫文军，蔡婷，2015. 如何设置高校技术转移机构——基于组织理论的视角［J］. 中国高校科技（6）：62-65.

杨善林，郑丽，冯南平，等，2013. 技术转移与科技成果转化的认识及比较［J］. 北京：中国科技论坛（12）：116-122.

杨栩，于渤，2012. 中国科技成果转化模式的选择研究［J］. 学习与探索（8）：106-108.

杨迎平，1994. 影响高校科技成果转化的几个因素［J］. 研究与发展管理（3）：1.

叶桂林，2004. 大学技术转移中心运作模式研究［J］. 经济问题探索（4）：92-95.

易明，付丽娜，杨丽莎，2017. 高校技术转移的运行机制和基本模式研究［J］. 当代经济（4）：94-95.

于淳馨，陈红喜，张丽丽，等，2017. 高校技术转移现状的评价分析——基于江苏31所高校数据的实证研究［J］. 科技管理研究，37（18）：70-76.

余晓卉，戚巍，李峰，等，2011. 各省区高校技术转移的全过程评价研究：基于突变理论的视角［J］. 中国科技论坛（10）：102-108.

张典范，郝丹丹，郑海武，2012. 探索"公司制"大学技术转移机构建设模式［J］. 中国高校科技，26（Z1）：56-57.

张娟，郭炜煜，刘明军，2011. 大学技术转移市场化运行机制研究［J］. 科学管理研究，29（4）：65-68，73.

张娟，刘威，2012. 高校技术转移机构的演变过程及发展趋势［J］. 科技进步与对策，29（6）：147-150.

张明龙，张琼妮，2010. 以色列高效创新运行机制揭秘［J］. 科技管理研究，30（23）：22-25，42.

张胜，张丹萍，郭英远，2017. 所得税政策对科技成果作价投资的效应研究［J］. 科学学研究，35（5）：681-688.

张士运，2014. 技术转移体系建设理论与实践［M］. 北京：中国经济出版社.

张锡军，李想姣，2020. 我国高校科技成果转移转化运行机制研究［J］. 长江技术经济，4（4）：74-77.

赵凤义，莫燕，2009. 中、美、日技术转移路径的比较研究［J］. 中国高新技术企业（9）：5-6.

赵黎明，1994. 技术转移率及其影响因素分析［J］. 曲阜师范大学学报（自然科学版）（10）：35-38.

周元，梁洪力，王海燕，2015. 论中国创新悖论："两张皮"与"76%"［J］. 科学管理研究，35（3）：1-4.

朱晓红，陈寒松，张腾，2019. 知识经济背景下平台型企业构建过程中的迭代创新模式——基于动态能力视角的双案例研究［J］. 管理世界，35（3）：142-156，207-208.

外文文献

小林达也，1981. 技术转移——从历史上考察美国和日本［M］. 东京：东京文真堂：62-65.

BATTISTELLA C, DE TONI A F, PILLON R, 2016. Inter-organisational technology/knowledge transfer: a framework from critical literature review［J］. Journal of Technology Transfer, 41(5): 1-40.

BENGTSSON L, 2017. A comparison of university technology transfer offices' commercialization strategies in the Scandinavian countries［J］. Science and Public Policy, 44（4）: 565-577.

BERCHICCI L, 2013. Towards an open R&D system: internal R&D investment, external knowledge acquisition and innovative performance［J］. Research Policy: A Journal Devoted to Research Policy, Research Management and Planning, 42（1）: 117-127.

BERCOVITZ J, FELDMAN M, FELLER I, et al, 2001. Organizational structure as a determinant of academic patent and licensing behavior: an exploratory study of Duke, Johns Hopkins, and Pennsylvania State Universities［J］. The Journal of Technology Transfer, 26（1）: 21-35.

BOZEMAN B, 2000. Technology transfer and public policy: a review of research and theory［J］. Research Policy（29）: 627-655.

BRINT S, 1995. In an age of experts: the changing role of professionals in politics and public life［M］. New Jersey: Princeton University Press.

CARLSSON B, FRIDH A, 2002. Technology transfer in United States universities: a survey and statistical analysis［J］. Journal of Evolutionary Economics（12）: 199-232.

CHAIS C, GANZER P P, OLEA P M, 2018. Technology transfer between universities and companies: two cases of Brazilian universities［J］. Innovation & Management Review, 15（1）: 20-40.

CHANG X H, CHEN Q, FONG PATRICK S W, 2017. University invention disclosure: balancing the right stage and type［J］. The Journal of Technology Transfer（42）: 510-537.

CHAPPLE W, LOCKETT A, SIEGEL D, et al, 2005. Assessing the relative performance of U.K. university technology transfer offices: parametric and non-parametric evidence［J］. Research Policy（34）: 369-384.

CHREIM S, WILLIAMS B, HININGS C R, 2007. Interlevel influences on the reconstruction of professional role identity［J］. Academy of Management Journal, 50（6）: 1515-1539.

CHRISTLE D B, 2018. Improving the efficiency of university technology transfer［D］. Stellenbosch: Stellenbosch University.

CHUKUMBA C, JENSEN R, 2005. University invention, entrepreneurship, and start-ups［R］. NBER

Working Papers.

COMACCHIO A, BONESSO S, PIZZI C, 2012. Boundary spanning between industry and university: the role of technology transfer centres [J]. The Journal of Technology Transfer, 37（6）: 943–966.

DANIELA B, FRANCESCO B, TUCCI C L, 2018. University technology transfer office business models: one size does not fit all [J]. Technovation（76）: 51–63.

FONG P S W, CHANG X, CHEN Q, 2018. Faculty patent assignment in the Chinese mainland: evidence from 35 top patent application universities [J]. The Journal of Technology Transfer, 43（1）: 1–27.

FOSHER D, ATKINSON G J, 2002. Brokers on the boundary: academy–industry liaison in Canadian universities [J]. Higher Education, 44（3）: 449–467.

FOX W E, 2002. Methodological and technological issues in technology transfer [J]. Ecological Engineering, 18（4）: 521–522.

GROSS C, KIESER A, 2006. Are consultants moving towards professionalization? [J]. Research in the Sociology of Organizations（24）: 69–100.

HAGEDOORN J, NARULA R, 1996. Choosing organization modes of strategic technology partnering [J]. Journal of International Business Studies, 27（2）: 265–284.

HELLMANN T, 2007. The role of patents for bridging the science to market gap [J]. Journal of Economic Behavior & Organization, 63（4）: 624–647.

HOPPE H C, OZDENOREN E, 2001. Intermediation in innovation: the role of technology transfer offices [D]. Evanston: Northwestern University.

HOYE K, PRIES F, 2009. 'Repeat commercializers', the 'habitual entrepreneurs' of university–industry technology transfer [J]. Technovation, 29（10）: 682–689.

HUYGHE A, KNOCKAERT M, WRIGH M, et al, 2014. Technology transfer offices as boundary spanners in the pre–spin–off process: the case of a hybrid model [J]. Small Business Economics, 43（2）: 289–307.

IPCC, 2000. Methodological and technological issues in technology transfer [R]. Cambridge, Intergovernmental Panel on Climate Change Working Group Ⅲ.

JEFFERSOND J, MAIDA M, FARKAS A, et al, 2017. Technology transfer in the Americas: common and divergent practices among major research universities and public sector institutions [J]. The Journal of Technology Transfer, 42（6）: 1307–1333.

JENSEN R A, THURSBY J G, THURSBY M C, 2003. Disclosure and licensing of university inventions:

'the best we can do with the s**t we get to work with' [J]. International Journal of Industrial Organization, 21 (9): 1271-1300.

KREILING L, SERVAL S, PERES R, et al, 2020. University technology transfer organizations: roles adopted in response to their regional innovation systems take holders [J]. Journal of Business Research (119): 218-229.

KUMAR J A, GANESH L S, 2009. Research on knowledge transfer in organizations: a morphology [J]. Journal of Knowledge Management, 13 (4): 161-174.

LACH S, SCHANKERMAN M, 2003. Incentives and invention in universities [R]. NBER Working Papers.

LINK A N, SIEGEL D S, 2005. Generating science-based growth: an econometric analysis of the impact of organizational incentives on university-industry technology transfer [J]. European Journal of Finance, 11 (3): 169-181.

LOCKETT A, WRIGHT M, FRANKLIN S, 2003. Technology transfer and universities' spin-out strategies [J]. Small Business economics, 20 (2): 185-200.

LOPEZ H, VANHAVERBEKE W, 2010. How innovation intermediaries are shaping the technology market? An analysis of their business model [Z].MPRA Paper No.27016.

MARKMAN G D, PHAN P H, BALKIN D B, et al, 2005. Entrepreneurship and university-based technology transfer [J]. Journal of Business Venturing, 20 (2): 241-263.

MIESING P, TANG M F, 2018. Technology transfer institutions in China: a comparison of value chain and organizational structure perspectives [J]. World Scientific Book Chapters (1): 43-46.

MIGLIORII S, PITTINO D, CONSORTI A, et al, 2019. The relationship between entrepreneurial orientation, market orientation and performance in university spin-offs [J]. International Entrepreneurship and Management Journal, 15 (3): 793-814.

MORRISSEY M T, ALMONACID S, 2005. Rethinking technology transfer [J]. Journal of Food Engineering, 67 (1/2): 135-145.

MOWERY D C, NELSON R R, SAMPAT B N, et al, 2001. The growth of patenting and licensing by U.S. universities: an assessment of the effects of the Bayh-Dole act of 1980 [J]. Research Policy, 30 (1): 99-119.

NISSEN M E, 2005. Dynamic knowledge patterns to inform design: a field study of knowledge stocks and flows in an extreme organization [J]. Journal of Management Information Systems, 22 (3): 225-263.

PARKER D D, ZILBERMAN D, 1993. University technology transfers: impacts on local and U.S. economies [J]. Contemporary Economic Policy, 11 (2), 87–99.

PITSAKIS K, GIACHETTI C, 2020. Information-based imitation of university commercialization strategies: the role of technology transfer office autonomy, age, and membership into an association [J]. Strategic Organization, 18 (4): 573–616.

PRESS F, 1979. The government's view [J]. Chemtech. Feb, 69 (12): 45–56.

RAHAL A D, RABELO L C, 2006. Assessment framework for the evaluation and prioritization of university inventions for licensing and commercialization. [J]. Engineering Management Journal, 18 (4): 28–36.

REBENTISCH E S, FERRETTI M, 1995. A knowledge asset-based view of technology transfer in international joint ventures [J]. Journal of Engineering & Technology Management (12): 1–25.

SANDELIN J, 2010. University-industry relationships: benefits and risks [J]. Industry and Higher Education, 24 (1): 55–62.

SCHOEN A, DELA POTTERIE B P, HENKEL J, 2014. Governance typology of universities' technology transfer processes [J]. The Journal of Technology Transfer, 39 (3): 435–453.

SECUNDO G, DEBEER C, SCHUTTECS L, et al, 2017. Mobilising intellectual capital to improve European universities' competitiveness: the technology transfer offices' role [J]. Journal of Intellectual Capital, 18 (3): 607–624.

SELLENTHIN M O, 2009. Technology transfer offices and university patenting in Sweden and Germany [J]. The Journal of Technology Transfer, 34 (6): 603–620.

SIEGEL D S, WALDMAN D, LINK A, 2003. Assessing the impact of organizational practices on the relative productivity of university technology transfer offices: an exploratory study [J]. Research Policy, 32 (1): 27–48.

STADLER I M, CASTRILLO D P, VEUGELERS R, 2007. Licensing of university inventions: the role of a technology transfer office [J]. International Journal of Industrial Organization (25): 483–510.

SULLIVAN W M, 2004. Can professionalism still be a viable ethic? [J]. The Good Society, 13 (1): 15–20.

SWAMIDASS P M, VULASA V, 2009. Why university inventions rarely produce income? Bottlenecks in university technology transfer [J]. Journal of Technology Transfer, 34 (4): 343–363.

THURSBY J, JENSEN R, THURSBY M, 2001. Objectives, characteristics and outcomes of university licensing: a survey of major U.S. universities [J]. Journal of Technology Transfer (26): 59–72.